U0918907

人的宗教

Religion of Man

［印］泰戈尔 作品
曾育慧◎译

CTS
湖南人民出版社
博集天卷
CS-BOOKY

关于泰戈尔
（1861—1941）

生于英属印度孟加拉邦加尔各答市的泰戈尔，属孟加拉族人，婆罗门种姓。父亲戴宾德纳特·泰戈尔（Debendranath Tagore）是地方印度教的领袖，也是知名的哲学家和社会活动家。在环境的熏陶下，泰戈尔八岁即开始写诗。

泰戈尔自幼不喜欢拘束，也不习惯学校的刻板生活，进过师范学校及英国人办的孟加拉学院，皆因不适应而未完成正规教育。他的知识主要得自父兄、家庭教师及自己的努力。

泰戈尔十二岁时母亲去世，十七岁遵循父兄的指示赴英国留学。由于父亲希望他成为律师，他最初在伦敦大学学院学习法律，因志趣不符转而转向英国文学。十九岁回到印度，正值思想与创作力爆发期，纵情山水，写就许多诗歌与小说。

泰戈尔赴英留学前，曾与英文家教彼此爱慕，后来对方在家人安排下另作他嫁，郁郁而终。泰戈尔回国后才知爱人过世，遂于二十二岁时，接受家人安排，迎娶年仅十岁的玛瑞纳里妮·戴维（Mrinalini

Devi），这样的婚姻在当时与现在的印度极为普遍。玛瑞纳里妮的纯朴和踏实获得泰戈尔的真心相待，两人育有三女两男。

三十至五十岁，是泰戈尔生命最不平静、饱受折磨的时期。妻子在一九〇二去世，隔年二女儿也病故，两年后父亲去世，不久连他最心爱的小儿子也染上霍乱离开人间。一战爆发后，泰戈尔投入反战与倡议和平活动，周游各国讲学。于近七十岁高龄时开始学画，作品超过千幅。晚年主要从事艺术诗歌创作、和平运动、民族运动。

泰戈尔的祖父德瓦卡那特·泰戈尔（Dwarkanath Tagore）精通阿拉伯文与波斯文，整个家族也醉心于梵文与古印度文学。因此，不令人意外，泰戈尔的思想融会了印度、伊斯兰、波斯传统与其他各国的文化。

他的文学作品以诗歌为主，小说、散文、剧作也同样优美，充满诗意。诗歌主要以孟加拉文创作，创作主题受人生不同阶段的历练影响，从对自然与生命的咏赞，至后期充满热烈的爱国精神。此外，在他关于政治、文化、社会变迁、宗教信仰、哲学、国际关系等的大量散文中，可以看到他思想演变的轨迹。

然而，尽管泰戈尔的作品在印度与孟加拉甚至整个东方世界，已属文化的一部分，但在西方世界，除了为他获得诺贝尔文学奖的《吉檀迦利》，他鲜少获得应得的重视。在印度与东方世界，他被视为全方位的现代思想家；不过在西方，他往往被视为唯心论者。

泰戈尔是诗人，也是哲学家，更是爱国者。他的思想主要承继古印度《奥义书》梵我合一的精神，受印度佛教的影响，经西方哲学的洗礼，并将两者加以融合。他虽赞赏西方的科学，却贬抑物质主义的取向；他推崇东方思想的奥妙，但反对禁欲主义。他的主张充满人道主义式的关怀，以“大我的人格”取代“小我的欲望”，以“积极的服务”取代“消极的禁欲”。

泰戈尔的宗教思想则深受包尔人影响。包尔人是一群特殊教派的孟加拉人，他们的信仰既无形象，也没有宗庙、经典或仪式。他们宣称人类的神性存在于他们吟唱的歌声中，也借由歌唱向祂传达强烈的情感。泰戈尔强调人格神论，在本书中这样的观点俯拾可见。

大事记

◎一八六一年

五月七日出生，是家中的第十四个孩子。

父亲与兄姊皆为知识分子。泰戈尔八岁开始写诗，十二岁开始写剧本，十五岁发表了第一部作品《原野之花》，被誉为“孟加拉的雪莱”。

◎一八七八年

赴英国留学。最初学习法律，后转向英国文学，研究西方音乐。才华横溢的泰戈尔很早就走上文学创作之路，十七岁发表了叙事诗《诗人的故事》。

◎一八八〇年

回到印度，专注于文学创作。创作生涯横跨了诗歌、小说、戏剧等不同领域，均获得不凡的成就。诗歌主要以孟加拉文写成。

◎一八八三年

迎娶年仅十岁的玛瑞纳里妮·戴维。两人育有五名子女，两名早天。一八八四年泰戈尔离开城市到了乡间，主要为管理家产。

◎一八八六年

发表《新月集》，成为印度各级学校必选的文学教材。这期间陆续撰写了许多抨击英国殖民统治的文章。

◎一九〇一年

在加尔各答市北方约一百八十公里处的小镇圣迪尼克坦（Santiniketan）创办了一所从事儿童实验教育的学校。他的主要收入来自父亲死后的遗产及书籍版税。这所学校后来发展成为交流亚洲各国文化的国际大学。

◎一九〇五年

时值孟加拉与印度人民皆反对分裂孟加拉，形成轰轰烈烈的反帝国运动。泰戈尔亦投身民族独立运动，创作了《洪水》等爱国歌曲。不久运动的领袖们产生分歧，泰戈尔不赞成群众暴力，主张从事建设性工作，诸如发展工业、消灭贫困等，遂于一九〇七年退出运动回到圣迪尼克坦，埋首创作。

隔年谱写《金色孟加拉》，是他一系列劝勉孟加拉人团结的作品之一。诗的首十行于一九七一年孟加拉国独立时被采用为国歌。

◎一九一三年

英译版诗集《吉檀迦利》获诺贝尔文学奖，以此闻名世界文坛。陆续发表为人所熟知的《飞鸟集》和《园丁集》。获加尔各答大学博士学位；英国政府封其为爵士。

◎一九一六年

第一次世界大战爆发后，先后多次远渡重洋，访问几十个国家和地区，并与世界各国文化名人共同组织反战的和平团体。这使他了解到不同文化间的许多差异。

◎一九一九年

发生英国军队开枪打死一千多名印度平民的惨案，泰戈尔声明放弃爵士封号，以示抗议。他也谴责意大利法西斯帝国侵略衣索比亚。泰戈尔始终关心世界政治和人民生活，支持人类正义的事业。

◎一九三〇年

五月于英国牛津曼彻斯特学院希伯特讲座（Hibbert Lectures）发表系列演说，并亲自将演说内容加以改写与增订为《人的宗教》一书。于近七十岁高龄时开始学画，作品超过千幅，曾在世界各地展出。

◎一九三九年

第二次世界大战爆发后，泰戈尔不断写文章斥责希特勒的不义行径。

泰戈尔不仅是作家、诗人，还是作曲家和画家。他一生共创作了两千余首激励人心、优美动听的歌曲。其中，《人民的意志》这首歌于一九五〇年被定为印度国歌。

◎一九四一年

生日之际发表控诉英国殖民统治和相信祖国必将获得独立解放的著名演讲《文明的危机》。八月七日，一代大师与世长辞，享年八十岁。

作品简表

◎诗集

《心中的向往》（*Manasi*，1890）、《金帆船》（*Sonar Tari*，1894）、《刹那集》（*Ksanika*，1900）、《奉献集》（*Naibedya*，1901）、《吉檀迦利》（*Gitanjali: Song Offerings*，1910）、《新月集》（*The Crescent Moon*，1913）、《园丁集》（*The Gardener*，1913）、《采果集》（*Fruit-Gathering*，1916）、《飞鸟集》（*Stray Birds*，1916）、《游思集》（*The Fugitive*，1921）、《流萤集》（*Fireflies*，1928）等。

◎小说

《人是活着，还是死了？》（*Living or Dead*，1892）、《摩诃摩耶》（*Mahamaya*，1892）、《弃绝》（*The Castaway*，1893）、《太阳与乌云》（*Clouds and Sunshine*，1894）、《破巢》（*Nastanirh*，1901）、《沉船》（*The Wreck*，1906）、《戈拉》（*Gora*，1909）、

《家庭与世界》（*Ghare Baire*，1916）、《两姊妹》（*Dui Bon*，1932）等。

◎剧作

《暗室之王》（*Raja*，1910）、《邮局》（*Dak Ghar*，1911）、《齐德拉》（*Chitra*，1914）、《人红夹竹桃》（*Red Oleanders*，1926）等。

译　序

译完《人的宗教》这本书，我对于宗教的看法被彻底颠覆。也许有人跟我一样，认为宗教是人类心灵的寄托，在受到个人或环境因素的影响而感到彷徨无助之时，一份坚定的信仰总能维系我们的希望。

一代思想家泰戈尔似乎不这么想。这位天纵英才从自然和吟游诗中得到了宗教体验，提出“人的神性与神的人性”，也就是“人的宗教”的概念。

人们为什么怕鬼？他先用一种有趣的观点阐述人的演化是勇于自我解放以进入更高层次的过程，包括冒着跌倒的风险从四足调整到两足站姿，让身体得到释放，空出两只手来做其他的事，但简洁过头而抛弃身体后面的尾巴，或忘记留一只眼睛在背后的结果，却使我们的背部失去保护而充满不安全感。

人们又为何敬畏神明？泰戈尔指出，其一是出于恐惧，比如做坏事会遭天谴的因果报应说；其二是出于欲望，比如希望得到神明的保佑或上帝的青睐，这些都隐含着人与神分离的概念。他认为这些个人层次或专属于特定族群的概念，在先知琐罗亚斯德出现之后带来了划时代的突破。信仰不代表以行动取悦神明，神明也不会只把好处发放给那些懂得取悦祂的信徒。宗教是全人类心智的产物，神为普天下所有人共有，不但超越种族界限，也把人类结合在神圣的和谐中。他以桌子为例，在空无一人的屋子里，桌子依然是桌子，并非因为它是独立于人而存在的现实，而是因为普世之人对它的感知而存在。任何东西、现象或真理，只要脱离人类的心智或理性就不存在。反过来说，在人的心智认知的范围内，像音乐与文学，即使经典或乐谱全被蛀虫啃光，它们也不会消失。

建立这个基础之后，泰戈尔进一步主张人有能力超越狭隘的宗教定义，从信仰中悟出神性自我，领会道德天性。他说："对他人的猜忌是原始而粗鄙的人性，现今全球各地充斥着这样的氛围，提供侵略式个人主义孳生的温床，导致了野蛮行为、贪婪与冷酷，加害人对于残害人道的恶行却依然夸夸其言……主张这些性格是人类不变的天性，而道德是少数人的看法，竞争才是所有生物的本能。我不解，人们试图超越与突破体能极限的梦想会被赞许，凭什么认为我们已经抵达道德的尽头？"

这些在十九世纪说出的话，同样一语道破我们在二十一世纪的严峻挑战。从气候变迁、贫富差距到恐怖攻击，未来的前景似乎不容乐观。泰戈尔没有放弃希望，一方面点出问题，同时也指示我们可以怎么做，"人类社会总是处在两股势力的拉扯中，一股力量拯救我们，另一股力量将我们拉进灾难的深渊。我们必须明白这个事实，选择正义的道路，这是唯一得到救赎的希望”。

这本书，也许可以为人类与地球的永续发展提供更深刻的思想与行动基础。

曾育慧　Mujibul Alam Khan

二〇一六年六月

祂[1]是唯一，超越颜色，以祂伟大的力量满足所有肤色之人的天生需求；祂是世界的起点也是终点，祂超凡入圣，盼祂使众人团结，和平相处。

① 称上帝、耶稣或神的第三人称代词，指代神明。

前 言

本书各章除了收录我在一九三〇年五月于牛津曼彻斯特学院希伯特讲座（Hibbert Lectures）所做的系列演讲，也包括我长年周游世界各国，针对同一主题发表演说后的心得。

这些演说由相同的主题一以贯之，只证明了一件事，那就是在我内心经过酝酿而逐渐成熟的“人的宗教”，不仅仅是一个哲学问题，而且是一场宗教体验。事实上，从青涩的年少时代迄今，我的写作很大一部分是在记录这个思想的发展轨迹与成长。到今天我总算明白，我写下的作品和说出的话语都来自共同的灵感，只是这个灵感过去往往未向我坦露。

我的生命如何找到清楚的聚焦，这段亲身经验将会呈现在本书中。某些读者可能只觉得这本书有趣，但我希望多数读者能体会它所揭示的，触及宗教理念的理想价值。

我要诚挚感谢希伯特讲座的理事们，尤其是一直与我有鸿雁往来的杜莱蒙博士（Dr. W. H. Drummond），他体谅我因健康问题不克前往欧洲，将讲座的时间从一九二八年延至一九三〇年夏天。我也感谢诸位理事慷慨同意我把当时在牛津做的一系列演讲，加以改写扩增并依照成书架构分章节，而不必拘泥于原讲稿。杜莱蒙夫人在我演讲期间提供了无微不至的照顾，这份温馨的回忆与这些讲演时时浮现在我的脑海。

我将部分与核心主题相关的文章加入附录，以飨读者。另外两篇非常有意义的史学参考资料，是我极尊敬的同事兼好友克须提·莫洪·沈恩（Kshiti Mohun Sen）教授的论文节录。沈恩教授提供的中古印度宗教思想观使我受惠良多，在此一并致谢。

泰戈尔

一九三〇年九月

目 录

目 录

一　人的宇宙

Man's Universe

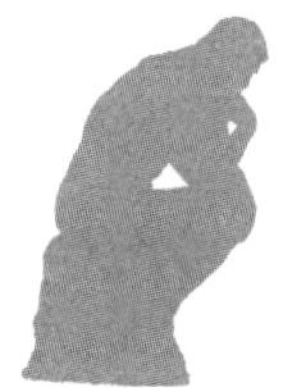

光，万物起源的辐射能量，为微物世界中的原子回旋舞拉开序幕，也为繁星搭起浩瀚而寂静的时空舞台。众星浴火而生，享受太阳千万年来光与热的照拂。帝王般的行星统御着广袤无际却死气沉沉的荒漠，从不知存在的目的，只在王朝倾覆之际肃穆地皱眉。

某日，沧海一粟的单细胞竟孕育出生命。这个生命拥有成长与适应的本能，勇于面对穷山恶水，挑战这片由“数大”形成的空虚。这个生命理解到其存在的关键，在于价值高低而不在于数量多寡，因此它始终追求价值的深化，透过各种途径创造价值，既遵循自然法则，也力抗从中阻挠的自然惯性。

创造的奇迹继续发生着，不因微小的生命展开通往未知的寂寥旅程而停下脚步。细胞与细胞的结合，创造出更庞大的生物体。这并非单纯的细胞聚集，而是惊人且复杂的功能协调，最后才建立完美的运作秩序。这正是整体的创造性法则（creative principle of unity），人类穷尽一切分析也无从解开这道攸关存在的神圣谜题。比较大规模的生物细胞协作，能进入更高层次的自主性而进行自我表述，也开始自行发展具备其他功能的器官，这是为了达成效率的新工具。生命的潜能就在这演化过程中渐渐发挥。

尽管形体上的演化继续发生，却并非毫无止境。体型上的过度扩张终究成为负担，摧毁了生命的自然律。那些纵容成长、不加节制的生物体，最后受笨重迟缓的躯体之累，近乎灭绝。

在这个时期结束之前，人类的出现扭转了演化的进程，把对于形体扩张的盲目追求，转为增长另一种能力，使演化朝着更微妙的完美境界迈进。这个新目标使人类的演进得到真正的解放，也让人类了解自己的力量是无限的。

生起火，举起槌，夜以继日埋首于尘屑灰烬与刺耳声响中，人们铸造出乐器。我们也许把乐器制作视为单独的事件，随其演进。然而，当乐音流泻时，我们明白这就是音乐的展现，即便时有矛盾对立。演化走了一大段路，人类才登场，但演化与人类的脚步必须一致，也因此演化在人类出现后改变了目标，走上一条截然不同的道路。这段连续的过程在人类身上找到意义；而我们也必须承认，科学谈的演化，即是从人类的角度出发的演化。皮革装订的书封和扉页，都是书的一部分；我们透过心智感官与生活经验理解到的世界，也全然是我们自己的世界。

神圣的共同体原则始终是体内各构造之间的原则，从地球早期的多细胞生物的演化过程中，便能清楚显现这一点。事实上，人类所能达到的完美，已经在他自己身上体现了。但是除了身体的物理运作，最重要的是，我们还靠着同样的身体达到更不可思议的成就。人在孤立时怅然若失；在人际间则会发现更伟大、更真实的自我。人的多细胞躯体有生有灭；集合无数个体的人类却是生生不息的。抱持着这份共同体的理想，他理解到生命不朽，爱无止尽。共同体不仅是主观的想法，还是能够激励人心的真理。不管用什么名号来称呼它，也不论用什么符号来表达，对于共同体的觉察与体认是纯洁而神圣的，而人们忠于这个体认所付出的努力，就是我们的宗教。它始终在等待，等待人类的历史用更适切的方式来阐明并彰显它。

我们有双眼，告诉我们物质世界的形貌。我们亦具备内在的能力，协助我们发觉我们与至高的自性（supreme self）、人格的宇宙（universe of personality）的关系。这项能力是闪耀着光芒的创造力；就更高的层次而言，它是人类所特有的。它带给我们全面的视野，虽然就生物观点来看，这种能力对延续生存的帮助不大；它的目的是唤起我们追求完美的动机，以达到我们渴望的不朽。完美，只存在于永生者（Man the Eternal），而人在追寻的过程中产生了爱，也更愿意去实践完美。

智力与体力的发展，对动物与人类的生存同样重要；但人之异于其他物种，在于意识（consciousness），意识的发展会深化人类对于永生、圆满与不朽的实践。意识启发人类的创造力，显露人性中蕴含的神性，以真、善、美各种形式展现，也存在于自由的行动中，这样的行动并非为己所用，而是为了终极的追求。个体的存在目的是为了大我，因此必须透过无趣的工作、科学与哲学、文学与艺术、事奉与礼拜来达成。这便是“人的宗教”，即使名称与形式不同，它都在人心中起着作用。人类认识和使用的世界，是一个辽阔无际的伟大所在，人们也在完美之境实现自己信奉的真理并得到满足。

本书主要在探讨我们信奉之神的人性，或者说永生者的神性。我自己对于神的思考，并非源自哲学论证的过程。这个想法在我早年就开始萌芽，随着我的性情慢慢变化、酝酿，直到某日灵光乍现，脑海中浮现清楚的样貌。我在本书里描述的经验，让我相信除了表面可见的存在，我们还拥有不断变动的个别的自我（individual self），可是在我们内心深处，存在着人类永生的灵魂，那是超越知识所及的。它经常与我们的日常琐事出现扞格，也撼动了那一道人们为了独享安适，由个人习惯与肤浅的社会常规共同筑起的高墙。它透过流露普世精神的作品激励着我们；它在弥漫自私自利的生活中出人意表地唤起无私的牺牲情怀。在它的召唤之下，即使缺乏理想中实际的信仰，我们依然奋起，为真理与美好奉献生命，成就他人而不求回报。

在探讨我自己的宗教体验时，我曾说过，第一阶段的体认是透过亲近自然而来——那不是与我们心灵相通的自然，也不是跟我们有实体接触的自然，而是以和谐的形式、色彩、声音与动作使我们的生命更精彩、激发我们想象力的种种现象，而让我们感到满足的自然。这个自然并不是一个隐身在科学证据背后，化为抽象符号的世界，而是向每个人大方展现其丰美本质的天地，与人类天性不断互动与反馈。

我的生命经验受到一些歌谣的影响，这些歌谣往往是我从流浪各地的包尔人（Ba ü l）那儿听来的。包尔人属于一群特殊教派的孟加拉人，他们的信仰既无形象，也没有宗庙、经典或仪式，他们宣称人类的神性存在于他们吟唱的歌声中，他们也借由歌唱向祂传达强烈的情感。祂来自人类，纯洁无瑕，简单且低调，祂为我们道出了所有宗教的深层意涵：无关乎无所不在、充满宇宙力量的神，而是强调人性里的神。

我们也必须承认，即使是科学的客观现象，都属于人类的范畴。自认以科学为凭的人，主张真理跟美、善不同，是独立于人类意识之外的。他们告诉我们真理与人类心灵无关，是个神秘晦涩的信念，合乎人性但难以理解。但有没有可能，理想中的真理独立于个人，却受到含括个人的人类共同心智（universal mind）左右？如果说真理与人无关，那才是违反了科学，因为科学就只是把人类有能力知道并理解的现象，归纳成理性的概念，而逻辑就是机械思考的人们创造出来的思考工具。

我正在使用的这张桌子，即使具有不同的意涵，但人类以感官和思考做了判断之后，决定它是一张桌子。而当某个人用科学方法分析这张桌子时，同样的东西所呈现的样貌会跟他用感官推断的结果截然不同。他的身体感官、逻辑推论与科学仪器，都脱离不了他的理解力；这些都正确，对他来说也都是真理。他可以用这张桌子来满足他的实际目的，也可以用它来增长科学知识。无论如何，这个知识属于人，也来自于人。如果某个特定的个人不存在，桌子的存在并不会改变，它还是一项与人类心智有关的物品。我们透过感官理解的桌子，以及用科学理解的桌子，两者并不一致，却在人类的存在中和解了。

在思想的范畴也是如此。从科学的世界观出发，因果律（law of causality）是毫无例外的。原本会发生的事情，如果条件不足或状态改变，就不会发生。这样的归纳是依据人类心智的逻辑运作而形成的。不过，人的心智有一种自主的直觉，它察觉到它的自由，总是为此奋战。在我们多数的日常行为中，我们都承认有这样的心智自由；事实上，行为的价值正取决于这样的自由。这跟我们对桌子的使用很像。不管科学结论为何，当我们把桌子视为固体，而非一群代表某种能量的液态元素集合而成时，我们会获得最大的满足。

我们也可以利用量测的现象来说明。一根针的空间虽小，如果用显微镜放大后，可以容纳好几位天使，或是供好几只骆驼穿过针眼。在电影镜头下，透过拍摄器的技巧，时间与空间可以被延伸或浓缩。一颗看似微小的种子，却承载着广大时空的未来。而真理，也就是人，即便看起来是在某个时刻显现，实则不然，更不是凭空而生。人的显现没有终点，甚至不是此刻，也没有我们想象中的起点。人的真理存在于绝对的永恒中，会在永无止境的时空中持续演进。假使人的显现历经数百万光年，那也只是一项背景。不论有多长，时间是人的一部分，这期间承载了他的显现，他的存在跟周遭一切事物皆有关联。

这种关联性是这个表相世界的基本真理。以煤炭为例，当我们探求煤炭的真貌，乃至于它的结构时，会发现表面上看似最稳定的元素，也在各种旋转力量中消失了。煤炭的组成单元是碳元素，再进一步细究，还能分析出不等数量的质子与电子。可是，这些带电粒子的存在重点不在于个别元素，而在于彼此之间的关系，尽管日后可能有其他研究深入分析这些元素，但无论如何，元素之间存在着普遍的关联性这项事实始终不会改变。

碳元素如何结合成一块煤炭，我们不得而知，最多只能说碳元素透过交互作用形成煤，而这样的结合关系所代表的不仅是我们看到的一块煤炭，更展现了创造性协作与整个物质世界的伙伴关系。

宇宙万物的创造都是来自每个小单位舍己以成就全体。人的灵性世界也持续要求个别成员以小我成就大我。这样的过程在物质世界相对单纯，而在灵性世界之所以困难，是因为必须将个别的智慧与意志调和成全体的智慧与意志。

印度典籍《奥义书》（*Upanishad*）有一节提到，这个变动的世界具有一项超越一切的整体性，因此真正的喜乐绝不会建立在因贪欲而得到的满足上，只有在个体放下自我融入全体大我之中时，喜乐才有可能。

有哲人鼓吹多元世界的理念，意味着多个世界的存在，但彼此间完全无涉，毫不相干。即便这个说法为真，也没有人能提出证据，因为我们的世界充满人的感觉、体验、想象与推理等等，也就是人在现在或其他时候所能认知到的一切的总和。世界以它各异的面向、它的美、它必然的规律、它的可能性影响着人们；世界用不同方式影响人的感官、想象力与理性思考，借此向世人证明它的存在。

我并不是说世界的本质有赖个人的理解才能确认，而是说世界的现实与全体人类的心智相关，这份心智永远能够领会所有现实的可能性。这便是为什么我们靠科学而不是从个人身上获取正确知识，因为科学象征着全体人类的理性心智，个别心智总是有其时间、空间，以及必须满足当下基本需求的局限，因此没那么可靠。这也正是人类文明进展的基础。进展表示有个完美的理想境界，促使人类社会里的个别成员努力去突破他在知识、爱与喜乐的限制，以接近那个理想境界，也因此趋近大同。距离我们最遥远的星球，是高阶天文望远镜镜头中闪烁的微弱星点，它的光讯连接我们的目光，与人的悟性产生共鸣。这使我们坚信应该进一步探索星星的秘密。当我们认识了星辰的真相，就会懂得具备伟大理解力的人的心智。

我们应该了解，至尊至圣者（Supreme Person）不仅具有理性思考的能力，还有想象力、爱与智慧，祂的灵性在所有人之上，对祂的爱会扩及所有生命，这份爱的深度与力度远超过其他情爱，历经重重困境与磨难，只有爱终会实现。

《奥义书》中的伊萨（Isha）即是无上的神灵，存在于所有生命之中，是全人类的主宰，我们透过所有的真知识、爱与事奉，与祂心灵相通，再靠着捐弃自我使祂在我们身上显现，此即为生命最高目标。

二　富于创造力的心灵

The Creative Spirit

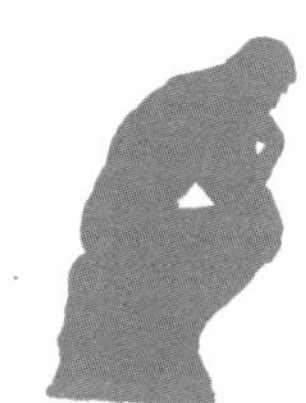

某天，一个小女孩即兴编了故事，要我当故事主角。故事中，我被关在黑漆漆的房间里，门从外面上了锁。她问我："你如果想出去要怎么做？"我回答说："我会喊救命。"方法很简单，但这么一来故事就没看头了。所以小女孩又补充，附近没人，不管你怎么喊叫都不会有人听到。我不得已只能诉诸暴力，比如说用蛮力把门踢开。当然，为了让故事继续发展下去，这回门变成铁做的。我又找到一把钥匙，可惜钥匙不对，门还是打不开……小朋友开心地设了一关又一关的情境障碍。

生命也是如此，最重要的任务是去打开一道道的门以逃离黑牢，过程几乎跟上述的小故事如出一辙。困境接踵而至，每次过关后又出现新的障碍，冒险才能持续往前迈进。直到归结出一个完美的结局，一切告终，没戏唱了，聪明的小朋友无事可做，就只能下台一鞠躬，回家睡大觉。

生命之神在无垠的巨大死寂中注入简单的活细胞，开启生命的篇章。这是足以撼动世界的成就，其中的奥妙至今仍不为人所知。生命之神的脚步从不停歇，大胆迎接更艰巨的挑战，以高明的巧思发掘一项在今日看来依然不合逻辑的要素。

这个要素便是一种任谁都无法分析的自动调节的交互关系。生命之神先是结合了众多细胞，再分门别类，使个别细胞在合作基础下发挥自我存续的功能。原本简单的小单元就这样组成大型的个体。这不仅是聚集的过程，每种分类代表一项分工，一方面各司其职，一方面维持紧密互动。生命之神一声令下，召集大量的细胞，赋予它们生命共同体的意识。细胞在生命的完整性受到威胁时，就会动员起来全力抵抗。

一棵树的内在和谐与内在的生命跃动，展现于它的美、强韧度、坚忍卓绝，以及穿越轮回窄门通往未知的历程。发展到这个阶段，即便不再有任何想象或创新，都堪称伟大的成就。然而，生命之神的创造力源源不绝，丝毫未见停歇，开展更多的创造；她一改之前的惯常手法，引进“移动”（locomotion）这个变量，让生命面对的风险提高，同时也让足智多谋的生命之神有机会再度大显身手。她似乎热衷于大规模的挑战，因为大环境总是设下重重关卡限制移动，严拒所有新来者攀上生命之岸。所以，鱼类长出了可以在陆地移动的器官。气压则是另一项更难的阻碍；不过，生命之神接下战帖，赋予鸟类非凡绝伦的双翼，突破大气难以捉摸的潜规则，使它们在天上比在看似安稳的陆地更加自由自在。极地有寒冰做哨兵，热带沙漠则推出酷暑，向生命的幼苗大声说“不”。但无论如何，这些专制禁令还是落空了，纵然失败的代价是死亡，这些处女地的疆界终究被成功地打开。

这段征服的历程记录着生命王国开疆辟土的足迹。这段旅程是一次又一次靠着创新与成功挑战自然法则所累积而成的。生命前进的场域是一座现实又残酷的竞技场。物质世界是量的世界，资源有限，胜利只属于那些手中握有致胜武器者。胜者前进的道路，与失败者走的路，通常是两条没有交集的平行线。

眼前众多娇小的战士为了生存机会抢破头，看来似乎至少曾经有过一段肉体至上的时期，也就是拥有大骨骼和肌肉、肥厚保护层与粗状尾巴的物种，才具备生存优势。这种大而无当的现象似乎是天意使然，因为在以数量取胜的世界里，体型大小显然是胜负的关键。不过，这些庞大的行头最后却以灭绝收场，到现在我们每天都能从沙漠和远古遗址中挖出它们没落的痕迹，那是几乎被遗忘的生存战役中节节败退的残篇。这些重量级生物身上携带的不外乎骨骼、兽皮、硬壳和尖牙利爪，非但无法供养生命所需，反而是沉重的包袱，使其难以获取攸关生死且最根本的自由与发展。

地球为她的子嗣们提供的生长资源被这些狂妄的大食怪胡乱消耗，而这些生物也花了许多力气维持笨重的身躯，真正的成长到头来反而受到严重的阻碍。这样徒劳的竞争总算过去了。少数存活下来的遗老，像是犀牛与河马等，如今在地球上占据的空间之小，相较于它们庞大的体力与体型，显得可笑而悬殊。它们的雄壮威武现在看来格格不入，真是晚景凄凉。这些硕果仅存，以及那些已经绝种的物种，是生命实验失败的结果。接着，在幽暗微明的拂晓，这场实验进入反扩张阶段，换上娇小的人类，怀抱着深不可测的伟大企图心登场。

◎

我们应该明白，世界的演化脚步是朝着揭示真理的方向前进——也就是某些内在价值不论时空如何延伸都不会有所不同。生命的形成不是指新物质的出现，因为组成生命的元素跟组成石头、矿物的元素是相同的。不过生命会逐渐发展出一种无法测量或分析的价值。心智与自我意识也是如此；它们都展现了不凡的意义，也是真理的自我表现。真理透过人类显现出它确切的存在，也极力将它的面貌展示得更加清晰。而永恒，正是穿过种种阻碍，从过去发生的事件中实现自我。

生命演化过程的生理进展，到了人类似乎就定了下来。我们再也想不到身体还有什么可以增加或修改的重要功能。假如有人一生下来就意外地多了一双眼睛或耳朵，甚或多了手脚，我们总是会想尽办法除之而后快。人对于任何过于明显的身体变异，总是断然地加以否定，那是因着天生美感而来的否决，任何突如其来、触怒天颜的破格之举都要专断地加以推翻，不考虑有没有好处。我们的背部平坦，缺乏保护；从战略观点来看，这个部分其实不甚完美，如果被攻击了，很容易造成不便或伤害。理性来看，光是这一点就足够让我们暗自后悔当初没有保留尾巴。可是，任何违背简约（policy of economy）的尝试都会遭到愤怒的排斥。我相信人们怕鬼的性格是来自背部的脆弱，因为那是我们照顾不到的地带，让我们变得疑神疑鬼。如果我们可以把其中一只眼睛挪到背后就能解决问题，不必老是担惊受怕！话说回来，现在这个建议为时已晚。

因此，当所有的创新都被执意地推翻时，人体的生理效率便逐渐下降，有些器官也开始丧失原本的活力。被圈在围墙内的文明生活削弱人的视力、听力和距离感。吃惯煮熟的食物，我们变得不太使用牙齿，反而便宜了牙医。被衣服过度保护的我们，皮肤的温度调节功能变钝，伤后的愈合力也随之减弱。

生命之神的大冒险似乎在人类出现的那一刻停了下来。祂可能觉察到，一直在形体上做文章，东添一笔、西补一画，只是白白浪费精神，因为证据告诉祂，二加二并不总是等于四。生物必须维持在理想的组合，内部的关系才不会产生冲突。数量或大小如果毫无节制地扩张，将会破坏内在和谐的完美，因此想在形体上得力的野心注定失败。硕大的长鼻子垂在大象的面前有其作用，而我们可能以为大象的尾巴如果也长成象鼻那样，好处应该会多一倍。不过，在生命之神的土地上恣意生产，让大地变得拥挤不堪，结果就是迈向死亡。生命的自然节奏不同于九九乘法表，倘若扩张是傲慢且粗暴地践踏生命规律，最后就是毁灭自然的节奏，剩下毫无章法的无用累赘。正如前面提到的，演化史上的确发生过这样的灾难。

悲剧带给我们的教训是，如果尾巴一直长下去，长到不知何时该停止，最后就会变成毁灭身体的致命包袱。

此外，身体的演化也难免会把生物训练成具有特殊才能的专家，比如在沙漠中行动自如的骆驼，移到沼泽区便失去行动能力；悠游于尼罗河中的河马，到了邻近的沙漠却活不下去。着重单面向有助于培养生物的专长，那些能力在特定的领域中能够达到极高的效率。天上的专家是鸟类，海里的专家便由鱼类垄断。鸵鸟只在自己的地盘上占优势，如果摆在老鹰群里便显得愚蠢无比。生物都必须安于与自身限制互为表里的优势。牺牲生命的完整性来换取特定能力是必然的结果，因为形体的演进仅限于物质的、肉体的，所以必定有其限制。

为了避免祂的创造因形体过度膨胀而死亡，专业化的限缩似乎是生命之神在某个演化阶段的目的。祂已经知道生命的本质不在数量多寡或体型大小，毫无节制的追求最后会走上恶性循环。太古时期的动物正是因为长得太大，时时刻刻背着笨重的骨架，还得生出又长又结实的尾巴来维持身体平衡。这些生物占的空间大，身体有大片面积暴露在外，只能靠着又厚又重的盔甲保护。

这么多装备凑在一起也需要牙齿和爪子，或角和蹄来搭配，但它们的共同点都是无生命。

这等于是一个硬邦邦的包袱背着另一个硬邦邦的包袱，让生命本身变成承担这些硬壳的平台，直到被这些没完没了的重担压垮为止。有人说，一棵树绝大部分是无生命的物质；树干除了薄薄的外层，其余都是老死的木材，却是树木一柱擎天的支撑，满足其睥睨大地的雄心。没有生命的木材扮演奴仆的角色，以便将树高高撑起。可是，要得到死木的扶持，树却得用它真正的自由来换取。树必须寻求大地的协力，才能与它的死忠奴仆分享资源，靠着纠结不清的地下盘根把自己永久定在原地。

相反的，渴望享有移动优势的物种必须把不利于移动的无用包袱减到最轻，也必须了解生命的进展应该放在内在的提升，而不是物理性的扩张。无生命物质的成长不能超越有生命的，就如同保护身体的外壳不能让皮肤失去呼吸的能力，盔甲的存在也不能让手臂因而作废。

最后，当生命之神在人类身上见到自己的形象，祂所发动的循环总算圆满了。这项任务隐含的真相在幽暗中闪着亮光，隐约为祂指出超越自我、具有意义的方向。抵达终点之前所做的努力都是外在的，偏向技艺性与器质性，注重锻炼器官的效率，走向永无止境同时也乏善可陈的物理性进展。不可否认，蜜蜂的复眼有些人们难以想象的特殊功能，萤火虫能自体发光的能力也让人类难望项背，还有更多物种身上都有我们无力猜测的感觉器官。

这些被强化的感官就像在拉长一条距离未定的生命旅途，却永远不会带领我们跨出物质的疆界。

除了器官的效率，妆点物种外观的配件也是如此。深海生物身上斑斓的色彩和丰富的图案令人目眩神迷；蝴蝶的翅膀、甲虫的背部、孔雀的长羽毛、甲壳类的外壳，以及植物的样貌之繁复更是不胜枚举。这些发展几乎达到完美的终极标准，但其实不然，因为如果只是形体上的持续改进，不管出现多少令人叹为观止的杰作，还是有份难言的缺憾。

这些装饰品就像被囚禁的美女身上的夸张打扮，在有限的空间内极尽奢华之能事，却盼着遥不可及的解放，还有感官所不及的内在深度。形体上的自由如同牢笼中被划定的自由，只能获得技艺上的精炼和表浅的美感。不论体能和技巧提升到什么程度，都会让生命长期受到习惯的束缚。就像一个模型，虽然带来安全感，也能产出标准化的结果，终究还是停滞不前的。几千年以来，蜜蜂重复构造相同的蜂窝，织巢鸟做出一样的巢，蜘蛛结一样的网，它们的生物本能使它们身上的肌肉与神经结构维持不变，所以它们没有出格或犯错的权利。为了确保可信、可预期的成品，这些生物的身体必须像模范生般地运作。模范生就是服从、守规矩、靠死记背出课文，不顽皮不作怪，却也缺乏活力和创造力。这样的完美无瑕是经过严格掌控的产物，跟无生命物体差不了多少。

◎

生命之神不愿意让这种零缺点的乏味规律继续下去，便大胆地主张更大幅的自由，也决定吃下智慧树的果实。

这一次，祂的挑战并不是对抗死寂，而是对抗自身难以承受的重担。祂要抗拒忠心耿耿的本能，就像要挣脱精明老舍监的控管一样。祂采用新的实验方法，重新制定法令规章，尝试打造跟过去完全不同的人类。祂勇敢地跨出步伐，敞开大门迎接一项曾经被她小心翼翼呵护，却深具爆炸性的高风险变量——心智（mind）。其实我不应该说人类缺乏心智，应该说布幕到了这个阶段才掀开来，掀开之后舞台上演出什么戏码从此一目了然，即使暗热，在强烈的灼热之中还是能看得见。

人的心智跟生命一样，本质上并没有形体，不占空间，这样的优势使得心智不受有形的疆界所限。心智和生命的另一个相同点，就是同样具有自由的意涵，这是早期物种所不具备的特质。动物的心智虽能跨出生命的局限，但范围终究不大，就像小孩子的自由，他们可以跑出房间，但不能走出家门；或像日本刚开始接触西方世界时，只开放一个商港让外籍船舶进入，生怕与外国人自由通商后会有危险降临。心智对生命而言也是陌生的，它有着全然不同的章法，还有强大的武器，它的情绪与习惯也与生命的性质相左。

生命之神跟闪族神话中的夏娃一样，宁可失去安适平静以换取自由。祂听信诱惑，相信只要答应与陌生人永远合作，便能取得进入秘境的权利。在这之前，生命只关心与自己相关的好处，但打从具有冒险精神的心智出现以后，竟带来另一层同样强大的好处。两相抵触，出现严重的后果。我说过有些人类的重要器官遭到忽视。唯一的解释，就是心智分散了生命在过去放在身体机能上的全幅专注力。毋庸置疑，即使生命以生存为第一考量，但若与心智的意向相左时，后者总是占了上风。最近有些探险家打算挑战攀登圣母峰，正是因为心智热爱冒险犯难的性格使然。在这里，心智违背了它与生命的合作契约，把延续生命的诺言抛在脑后。生命因大权在握而长期享有的特权，经常因为不逊的心智而破功。事实上，双方结盟之后，各自的功能总是互相干扰，有时造成难以收拾的后果。即便如此，这番冲击与激荡也让人类的演化成就斐然，远远超过硕大身躯的生物所能达到的境界。

人类出现在生命王国的方式，就像杰克与巨人的神话，是对于生命的一大抗拒与挑战。躯体的扩张变成负担，人类摆明了不认同。心智对着毫无防备的人类说，“无须恐惧”，接着便天不怕地不怕地站出来，独自面对着看似威武雄壮的肌肉大军的威胁。硬碰硬时，人类弱小的肌肉一定会无助地大声喊痛，所以他必须想个出奇制胜的办法，而且是从演化这方面来突破。达到了，人类便脱离动物的被动命运而成为菁英。人类开始进一步让自己的身体得到外部器官的协助，也就是可以为人所用却不必用生命来还的帮手。弓和箭，就是人类最早发明的外部器官。

假如这个改造是在体型至上的演化阶段发生，那么人类的手臂可能会以渐进而缓慢的方式变得粗壮，最后形成大而无当的器官。话说回来，我可能猜错，因为生命本身具备的灵巧与美感也许会让人的手臂变成兼具美观与实用的打猎工具。果真如此，今日的抒情文学就会歌咏双臂的巧夺天工，赞叹其高超的打猎技术，用各种比喻加以赞颂。但纵使有了诗歌加持，有些无法掩饰的缺陷依然看得出来。比方说，长于狩猎的手臂拿起笔或是弹起琴来一定显得笨拙。幸好，这次人类演化的大跃进在于那些额外的“手脚”不必再依附着身体，就像之前提到的弓箭。弓与箭绝不强求一定要从手臂长出来，使得手臂只剩单一专长。

人类的手臂具备了象鼻、虎掌和鼠爪的功能，只不过厉害程度逊色不少。但如果生命用她过度的创造力把这三种动物肢体综合在人体某个部位，想必会沦为恐怖的整人游戏。

另辟蹊径的第一步非常具有经济效益，那就是不再让肢体承受重担；换句话说，保存身体重要资源的同时，也达到最高的运作效率。另一个目的则是让生命之神不再折腾，不再为了养成一点点专门技能而大费周章，让人体做出太多的投资。这也会激发人类自己去料想，该如何把水里游的鱼、天上飞的鸟和地上奔跑的动物的优点集于一身。人类理想中的完整在于能够表现各种生命的形式，但不是被动地透过自然机制做随意分类，而是在理性心智的帮助下，带着明确的目标在各种机会间做选择。于是在生日时收到雕刻刀当礼物的男孩立刻超越了老虎，因为他不必花一百万年的时间演化出刀锋般的利器；当这项工具用不着的时候，也不用再花一百万年将之卸除。人类利用心智得到钢铁制的利爪，把数千年的时间压缩到短短数年。唯一令人不安的，就是工具和使用者的成熟度不协调。老虎身上的爪子与性格是同步发展的，不会有任何老虎的爪子和虎威不相称。而人类的小孩虽然拥有虎爪般的刀子，却不一定具备使用刀具的适当性格，得等到成人时才有可能。今日，人类得到四肢以外的额外手脚速度太快、数量也太多，可是内在的气质却赶不上，所以到处都看得到人类社会中许多小屁孩全然无视他人的福祉，拿着不具人性的利刃胡闹。

◎

我确信，有件事是瞒不住了。虽然深宫中的皇太后，生命之神照样提供必要的协助，不过剧本已经改变，祂也退居幕后，第三幕开始时便将舞台让给人类。具备创造性格的人类依着敏锐的觉察力，在生命的国度中创造新政权。自此，人类的意向直接掌握治理权并建立自己的法则，不再受到阻碍。印度那些神秘主义者因为不满自然之神长期的掌控，便转攻心智无法直接抵达的内在境地，赢得了意志。

随着演化方向大变而发生的事件中，最重大者莫过于人拥有了心灵（Spirit）。心灵的丰富程度，是人类为了维持生物性活动的种种能力所难以匹敌的。心灵对人的影响让我们跨越了生存的严明界限，提供一个让思绪和梦想驰骋的开放空间。这种特权是能够从创造中发现乐趣的神祇才有的。生命的初始，唯一的任务就是活下来，各种生物若能得到好运都是靠机运的恩赐。他们永远都得靠着外界的施舍，时而被主宰形体的大神呼来唤去。乞人之间没有和谐可言；他们彼此妒忌猜疑，就像狗儿为了主人的施舍摇尾乞怜，但彼此间却剑拔弩张，相互叫嚣，欲将对方除之而后快。这便是科学界所描述的生存竞争。和平永远不会降临在乞人的世界；我很确定，渴求特殊机遇的人总是活在备战状态，成天忙着添置武器。

可是，有个声音在一片喧嚣中浮现，那是盈溢的声音、悠闲的声音，同时也是脱离生理需求的声音，它对着人类说："欢欣庆祝吧！"于是，人类从一开始作为听命的生物，变身成为创造者。过去只能接受，现在角色改变，也要付出。过去人习惯向神求助，现在是神出现在他眼前要求他做出贡献。身为动物，他的一切有赖于自然之神；身为人，他在自己创建的国度里拥有主宰权。

就在此刻，人的宗教降临，人透过"无限"（infinite）的观点才真正地认识了自己。《阿闼婆吠陀经》（*Atharva Veda*）有段经典文字这么说："公正、真理、努力、王权、宗教、冒险、英雄、成功、过去与未来，存在于盈溢超凡卓绝的力量当中。"

有形之物还是有所限制，就跟鸡蛋的蛋壳一样；自由存在的空间则是没有边界的，它是不确定也看不见的。如果用物理或物质的尺度来检查，可能量不出宗教的内涵；它存在于我们人类的盈溢当中；盈溢如同大气，源源不断地引动光与生命之间的循环，同时也带来快乐。

◎

我在一首诗里说过，离开母亲子宫的婴儿才会理解母子关系的本质是自由。不受拘束的人类才明白自身和天地宇宙间更深也更为宽广的联结。人在道德生活中有责任感，也具有自由的意识，这是美德。在精神生活中，合一感与自由意志的交会之处，便是爱的所在。生于自然界的人结合自己和自然的力量，赢得了机会的自由。人透过承担群体的责任取得了建立社会关系的机会，个人也受惠于过程中形成的集体力量。能够自由自在感受的人，理解与大我联结的意义之后，在奉献的人生中找到成就感。而这样的人生充满不断前进的真理以及恒久不渝的爱。

人首先达成的解脱是物理性的。这表示人不必在有限的生理范围内累积感官与肢体力量，这是没有局限的自由，人因而受惠无穷。大自然最初只打算送给人类比眼观四面再强一点的视力。若要在头上生出如天文望远镜般的眼睛，就会陷入过去体型竞争的死胡同。时时刻刻把房子扛在背上的蜗牛，必须让身体的组成、外形和重量，一一符合房子的规格。幸亏人类的房子不必像蜗牛一样盖在身上，重压自己的肌肉骨骼。这个解脱刚好为人们的天赋移开所有的障碍，展现前所未有的创造力。换句话说，住所不必连在身体上，反而使人类得到全然的解放，盖房子的人得以在他创造的作品中追求永恒。人屋分离之后，时间与精神多了，个人的丁点需求得以抛开，转为追寻普世价值，最终造就了建筑学。

我说过单细胞在过去某个时期开始集结，形成大型的有机体，构成生命的雏形。这个过程并非单纯的聚合，而是交互关系的奇妙整合，性质相当复杂，在功能和形态上都出现细微的区别和分工，其中的奥妙我们可能永远无法确切理解。生物体内的组成不尽相同，但绝不会破坏那股使它们团结并共同运作的凝聚力。生命作为一个整体，成长是它的目标，为了实现目标，每个单一成员必须全力运作，至死方休，再由下一个新成员接手把任务继续下去。每个成员对整体的成就都有所贡献，却不能把功劳全揽在身上，因为这个历程还没完成，历史还得继续下去。

在所有的生物中，只有人类的多细胞发展达到了完美的和谐境界，不仅在于生理层面，还包括人格层面。数百年来，人的演化着重在意识面，试图突破个体化的限制，也希望理解自身与人类整体的关系。这层隐约存在于天性中的关系，也朝着自我察觉而努力。人类形体的演进，是在与物理世界的完美交流中追求效率；而意识面的演进，目标是在与人格世界的完美和谐中追求真理。

有人说，人性（humanity）是个抽象的概念，其中有相当高的主观成分。我们必须承认，生命存在的真实性与客观性无法向其组成的成员证明。原因在于它们作为整体的一份子，无法跳脱出来看。我们身体内的细胞各有各的生命周期，永远没有机会做全面的观察，也无从得知身体的过去、现在与未来。如果这些细胞有推理论证的能力（也许有），它们便有权主张身体根本没有客观的基础，而且虽然细胞之间有某种神秘的吸引力，会互相影响，但缺乏实证上的真确性。唯一能够证明的现象，只是那存在于细胞与细胞之间，无法越过或加以联结的间隙。

我们约略知道一个由原子爆炸形成的体系，个别的原子在相较于其微小体积的硕大空间里旋转。我们所不知道的，是为什么我们看到的原子是一块固体的放射性矿物。如果现在有人能够一眼望尽无数的人们活跃其间的那段漫长时空，看到人们共同参与历史的轨迹，他会看到人与人团结一致，而不是一个分崩离析的悲伤面貌。

如果我们只用原子的观点来看一块铁，那么这块铁的存在便无法证实；只有在我们看到铁，它在我们所能察觉的范围内具备铁的特定反应模式，我们才能证明铁的存在。假使猎户星座上有个外星人，他的视力能看到原子，却看不到铁，那么当他坚持认为我们人类都有视幻觉症时，谁也不能说他错；但也不必跟他争论，只要继续使用我们眼中的那块铁就好。见者说“我明白了”，于是他的生活便依循着他的所见过下去。虽然我们的眼可能是盲的，却也未曾谦卑地垂首。

姑且不论我们的思考逻辑如何为人类团结的事实命名，我们在他人身上实现自我之际会感受到莫大的喜悦，这就是爱的真谛，这项事实终究无法磨灭。爱证明了大我的存在，也是人类达到圆满境界的表现。爱带来一片无垠的大地，在那里我们不会屈服于饥饿、咆哮、尖牙利爪，不会被有限的物资所奴役，也不会被残酷的妒意和卑劣的欺瞒所压迫，因为那里的共鸣与合作会产生人类最伟大的精神资产；在浩瀚的智慧之海追求知识，无畏根深蒂固的禁忌，努力充实自己以服务各个地区、各种肤色的人们。爱之神安住在没有边界的盈溢之境，让我们的意念超脱自我分离的虚幻桎梏；爱之神一直在人类世界中传递祂的启示。这是文明的精神所在，这份精神诉诸最高的人性，让团结的凝聚力带领我们迈向真理，换句话说，就是公理正义：

祂是唯一，超越颜色，以祂伟大的力量满足所有肤色之人的天生需求；祂是世界的起点也是终点，祂超凡入圣，盼祂使众人团结，和平相处。

注释

★编者按：surplus，在此隐含人的心里可以有比自己更多的东西。

三　人的盈溢

The Surplus in Man

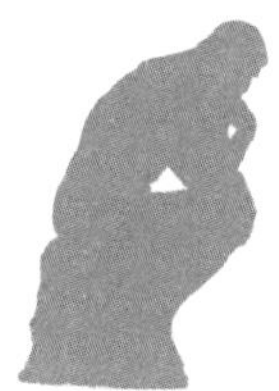

《阿闼婆吠陀经》里的诗人讨论了“人”的概念，透露出一些先验的意涵。这段内容的译文如下：

> 是谁赋予人类形态、尊严、动作姿态和性格表现，以智慧、音乐和舞蹈加以启发？当人的身体往上长时，看到了斜边还有其他每一个方位——就是那个人，永恒存在的个体所安住的堡垒。

他们称他“耆老”，然而他是新生的，即便在当下，在今日。

人类才刚出现，对于自然之神定的规矩毫不理会，坚称拥有躯体构造的自主权。人走到演化之路的某个转角时，决定不当四脚生物，身体也摆出坚决不再顺从的姿态。毫无疑问，自然对所有陆行哺乳类的规划，是大家都有四只脚，平均分摊修长躯干的重量，头则长在躯干的一端。这是跟地球商议后的结果，因为所有物体的移动都受到重力的影响。而人竟然会抛弃这么合理的安排，证明了违逆天意、改变体格是与生俱来的人性。

如果我们看到一张桌子不是四只脚站立，而是两只脚站着、两只脚可笑地挂在旁边，一定会感到奇怪，想说这个家具不是做坏了，就是木匠突发奇想的恶作剧。人类改变骨骼构造的不合理行为，让我们很难不去推测，当初人在诞生时也许受到偏离自然轨道的彗星爆冲所影响。但人类坚持这样的鲁莽行为并非偶然，即使因为背弃其他动物严守的法则而付出代价也在所不惜。让全身肌肉维持平衡的工具，他竟割舍了一半，欣然接受婴儿时期要在有限的支撑下蹒跚学步，过着惊险日子，而且终身都得面对意外跌倒的风险，不是悲剧收场就是闹笑话。守规矩的四脚动物根本不会碰到这些麻烦。四只脚能确保安全，人却宁可冒险也不肯守住这份安全感，不愿意每一步都向地上的尘土低头。

直立带给人类身体姿态的自由，让我们可以轻易地往任何方向转身，在众星拱月当中成就自己。在自然界，动物们沿着一条狭路单调地前进，而人则是拥有一个扩大的圆；位在中心、眼观八方的人找到自己的价值，也在圆周的范围内实践自我。

一项自由会引出另一项自由，所以人的视线也随之扩大了。我不是指眼力增加，毕竟再怎么说，很多掠食性动物的眼睛具有绝佳的光线调适能力。我指的是人处在瞭望塔般的有利位置向外看去，不只获取事物的方位信息，还能观察到事物间的关系与一致性。

人因采取直立站姿所得到的躯体自由，最大的好处就是把双手空了下来。我们的身体器官当中，双手是最尊贵的，因为它们展现出技艺、优雅的风姿、从事各种有用的活动，甚至包括实用性之外的所有才能。它们与双脚保持距离，曾经只有搬运的功能，就像低阶的挑夫一样，但后来逐渐从低阶工作向上提升，变成我们重要的“左右手”。我们不把两只臂膀放在身体下方，而是摆在身旁，以协助我们跨过动物天性的藩篱。

人的视线自由与行动自由，一直伴随着充满想象力的心智自由，这一点是我们身体机能中最具人性的特色。创造力的存在，目的是帮助造物主完成未完成的作品，这个作品没有包装、没有打扮、没有防身盔甲、没有武器，更惨的是受心智所支配。心智是豪放不羁的，执着在空无一物的世界向理想境界前进。人就像艺术家一样有犯错的自由，也能在身心饱受磨难之际依然冒险犯难。对于天真质朴、视纪律于无物的凡人来说，自由是一份神圣的礼物；也因此，人的创造之路上，受伤的痕迹处处可见，追求完美的过程中经常出现令人惊异的奇特景象。但不变的是，创造有一个清楚的目标，这个目标既不存在于任何人的奇思怪想中，也不会只局限于实际需求。

人类的视野让我们在望向四周的同时也看到自己；同样的，想象力让我们强烈感受到，我们要过的人生必须超越个别生命，去挑战只求自保的生物性。想象力在盈溢的层面才会起作用，在日常生命机能保护区的外面，另外加盖尊荣客房，迎接人类胸怀世界的气魄。当我们的心智不被自己的生物性困住，维持独立自主，就享有作主的权利。因为自由的心智是神圣的，足以与神同在。

从不同面向获得的真自由，都会让实现自我、取代那个自我的道路更加开阔。自然为了确保生命安定所设下的种种限制，让生命变得了无新意，这对动物来说或许不错，但不适合我们。人有责任活出自己，如此才能活在真理之中。

自由形成的过程中会引发一些比明显的目的更进一步的想法。自由是为了展现无限；它替自己设下限制，但绝不让限制僵固不变，而是一再突破限制，无限便在一次次的惊喜中展露无遗。这是一段不断重生的历程，一连串崭新的起点和挑战，伴随着真理趋近完美的和谐。

◎

在奋战不懈之中追求伟大的人类文明，总会历经突如其来的分歧，而场景几乎都发生在大灾难之后的冒险行为；这些变动不仅是花开花落的季节式思想更迭，而是埋有伏笔，足以激发革命性变化的意外。这些改变当下的思想是非常活跃的。所谓思想活跃是指以行为与心理习性、符号、仪式和装饰为基础，积极地整合不同思想的范畴。然而，不论在何方或何时的革命有多么惨烈，改变都不会完全脱离一个中心思想，因为革命的历史归宿是一样的。

在印度或中国、波斯或朱迪亚（Judea）、希腊或罗马等地兴起的文明，就像几个山头，尽管高度、温度、植被不尽相同，却是系出同源，彼此的联系没有绝对的障碍，它们共享地基，共同影响着大气中的气象。这即是伟大的导师所言，当全人类没有得到救赎，自己不必寻求救赎；因为大家是共同体，团结使心胸伟大之人直接得到启发；他们立即接收，也体现在生命中，正如“我与至高无上者、不朽者和完美者同属一体”。

人肩负着自我创造的任务，照着他认为放诸四海皆准的概念，塑造真实自我的形象，也相信这样的表现会通过时间的考验。只是从生物存续的观点来说，这样的考量完全没有必要。这代表人要为一个不受躯体所限的人生而奋战。身体的生命经验可以在过去的记忆中找到些许的一致性，但理想的生命则存在于前瞻性的记忆中。从出土的文明记录中，我们看到前人为了留下痕迹使记忆不致中断所做的卑微努力，包括有个孩子把一艘纸船放在水面，让船载着他的梦想驶向遥远的未知之境。人为什么想做这样的事？这是因为我们本能地向往一种能够与每个人和每个时代联结的理想人生，而要达到这个目标就必须实现永恒而普世的真理。而真理体现的要件，就是备齐绝佳的要素以及具恒久价值的做法。身为凡人，我们要向这份不朽致敬，即便得为此付出比让自己活下来更多的力气，有时用尽力气后甚至得献上性命也在所不惜。

未开化的原始人想象的自我形象，离不开炫目的妆扮、华丽的衣裳、令人目不暇接的配饰，甚至是夸张的奇装异服，他努力让自己提升到具有高贵气质的理想典型。原来的他，生来就带着自然加诸在身上的种种不便，因此他不喜欢自己的样子；他总觉得除了现在的自己，一定还有什么会带给他存在的价值感。这就是力量的起源；根据他当下的心理状态，这股力量就是他的归属，一份全然的真实存在，他全心全意去体现这样的力量，即使用自身的快乐安适来交换也愿意。

他的投入使他与他所信仰的神合而为一，因为神对他来说就跟这股力量一样强大。这个粗人花费极大的力气，有时饱受折磨，就是想让自己展现使人无法忽视又特出的力量，加以无情的残酷行为，放纵到近乎胆大妄为。这些粗鄙而浮夸的外显行为引起聚落同伴的敬畏，进而生出一种美学上的满足感，因为这个人启发他们对理想人类典型的想象。他们眼中的他已经不是单一个体，而是象征他们每一个人。

因此，即便吃了不少苦头，大家依旧心甘情愿地顺服他的夸张表现，接受他荒诞不经的强烈意志所支配。这些人透过各种神将自己天马行空的想法具象化，认为神强大的形体与性灵力量是来自特殊的生理结构、狠心强索献祭者鲜血的行为，还有毫无规则可循的赏罚方式与对象。事实上，这些神绝不会有任何犹豫不决，以及被现今充满男子气概的知识分子讥为感情用事的同情心。

不管多么残暴，这证明了人能察觉到某种超越自我的存在。他知道自己并非不完美，只是不完整。他明白自身还有待实现的价值。这点并不让人觉得奇怪，因为我们很容易便明白残暴的行为并不是绝对，就跟地平线一样是有限度的。这个想法在他内心深处召唤那无法用知识或逻辑加以分析的真理。任何来到世界上的人都不会质疑这名先验之人的真实性。对“人”的了解愈来愈深刻之后，我们找到不同的评估尺度，发掘了深度和喜悦的美好，外显行为也愈能庄重自持，不再庸俗、激情，或基于外观、颜色、言语、行为而施以暴力或阴暗的恐怖行为。

每一个时代都会在其伟大的表现中显露出梦想者的性格，传进风起云涌的后世，跨入永恒的人类历史。这些表现虽不必然是我们理解的宗教，却可以间接地归类为人的宗教，因为这些是每个人身上的大我意识的产物。大我意识表现在科学、哲学、艺术、社会道德，以及所有具备基本价值的事物中。这些都是真正的心灵的，应该纳进独一无二的人的宗教范畴里面，以展现人类为达完美之境，尽全力追求伟大的思想、行动、梦想和流芳百世的艺术作品，同时也展现人追求更高的存在尊严的渴望。

◎

我曾经有机会造访古罗马遗迹，那是人们向往无穷的见证，令人深思的场景。伟大的罗马帝国不正是透过创造与想象，使先验的人道精神得以展露吗？当时帝国的理想，不仅仅是抒解人口过剩的压力或开创帝国商机，在罗马人的性格中还存在一种高贵情操，他们在灵魂深处盼望创造出一个能匹配理想人类的世界。罗马人的表现正可以回答一个不朽的老问题：人之所以为人，所为何来？任何严肃的回答都免不了涉及宗教，不管是什么宗教；究其根本，答案都不可能仅适用特定人群，而是我们全体。罗马人念兹在兹的历史定位是世界的创建者，所以他给出的答案也许不是最好，可是“伟大即快乐”（greatness is happiness itself）的信念依旧展现了人类坚毅卓绝的气魄。

虽然帝国最后四分五裂，但它推崇人性的信念一直都是人类史上重要的一页。这才算得上罗马的中心信仰，只是在正统宗教体系的掩盖下隐而不彰，后来沦为情感上的消遣，也缺乏灵性上的启发。事实上，罗马社会信奉的神学在深度上远不及他们的人格和彰显普世人性的信念，因此神学理论会跟这个信念有所冲突。我们应该追寻这些人与其他人的信仰，不是对神的信仰，而是对全体人类的信仰。人类对无限怀抱着梦想，一直是不畏危险或不惜性命，虔敬地努力着。

随着生命界原本晦暗的意识逐渐清晰，直到意识变成人的自我的中心，人类历史精彩的篇章便迅速展开。这段历史记录了人对于“我是什么”这个问题所做出的各种回答。人不像动物那样容易感到快乐或满足，因为人的快乐与平静取决于他对这个问题的答案。 动物只要具备满足生物需求的生理效率，就是一只成功的动物。比方说，鳄鱼如果能活得像只天生的鳄鱼，它就会露齿而笑，不会抱怨。人也应该活得像个人才能获至真理，这听起来是老生常谈，只不过人依旧不解，甚至困惑地问：“怎么样才算活得像人？我是什么？”老虎的脑海中不会出现“老虎的本质是什么”这样的问题；当然，它也不会根据自己的品味来挑选外皮的颜色。

人类花了数百年的时间在讨论人的本质，而且直到今天都还没得到结论。人不仅没有遵从天性，反而创造出复杂的宗教体系，让自己接受一个“我不是我，还有更好的我”这样的悖论。做这些事有个重要的意义，那就是为了彻底了解自我。于是有宗教信仰的人便发展出存在（being）的概念，这个存在超越了人，但两者之间具有紧密关联性。不同的宗教在细节与道德意义上有所差异，除了一个共同的倾向：追求至高价值的人格，并称之为神性（divine）。过于强调科学的心智对此是大加嘲讽；只不过心智应该明白，宗教基本上并非无限，甚至也不是抽象的；一旦心智碰触到人性中的神性，它就会发现自己也在里面，否则它就没有存在的理由。

不得不说，这样的人性要素会为我们的宗教带来一种危险的想法，其结果很可能是犯了不智、道德上可议、美学上可憎的错误。这些想法全都不对，就像社会学、经济学或政治学的错误一样，扭曲了人性的真实面，所以都该被挑战与推翻。真理必须用人类完美的标准加以检视，不是用老是逃避人类良知审判的武断命令来决定。

朝这个方向出发的伟大革命将从根本上改变我们的态度，进而成就伟大的宗教。宗教的兴起几乎都来自反抗非人道教条的行动，抗拒已然僵化的仪式以及蛮横专断的控制。我曾经说过，这些教条是权力的邪教，不是在帮助人们寻找真理，趋近完美，而是透过占有和怪力乱神，使掌权者变得可怕而令人畏惧。

这样的论述对我们的先人可能有失公允。他们对权力的膜拜除了实际考量，也许某种程度上真的将之视为真理，而他们自己的力量跟这个真理有了交集，也在其中得到满足。他们必定认为这份力量正是超越自然的意志力，而不是神智不清时糊里糊涂捡到的正确解答。因为假如他们是不经意、不带情感也没有目的而膜拜某个抽象概念，肯定是愚蠢至极才会有如此表现；事实上，他们的人格远高于这些行为表现。

四 心灵的合一

Spiritual Union

当人的生计之急稍降，就有余裕思索自我的奥秘，他一定会察觉到，真实人性与无限的人性世界之间的联结，并且有它完美的典型。人的宗教起先建立在宇宙的权力之上，然后层次逐渐提升，最后立基于真实人性。但我们绝不能认为这是窄化了对无限的理解。

消极地看待无限，只不过是把事物的极限做不确定的扩大解释或无限的递延。有人说，我们的世界是有限的空间，这是数学推演出来的结论。但我们并不会因此觉得难过，即使直线不断延伸到最后不再笔直而是回到起点，我们也不会短少什么东西，更不会因此小看了宇宙。印度教经典把宇宙比喻为一颗蛋，因为对人的心智来说，宇宙的边界是圆的。不仅如此，经典进一步主张时间也不是连续的，世界反复地运行到终点，再展开下一次的循环。换句话说，在时间与空间的范畴里，无限是由反复循环的有限所构成的。

然而，从积极面来诠释，万物一体即无限。以万物一体的角度来看，群体不是把不同东西集合在一起的容器，而是无所不在的内在完整性，超越个别性，就好比莲花之美，令人赞叹的是整朵花，而非花的各个构造。群体不是数量的扩张，而是强大的和谐感。这层体会使我们对无限产生真实感，它就存在于我们的喜悦与我们的爱之中。万物一体即幸福，那是无边的爱。灵性昏钝的人实现欲望的方式，是透过实质上的占有和紧抓不放。这种大量取得的渴望会变质为盲目追求数量上的增加，而非对伟大的向往。真正的心灵实现不是透过财产规模。其实，当我们与周遭建立更深厚的连接，有了一体感，无限就显现了，所以我们只能透过内在而不是从物理空间去领悟。

无限与永恒，称为一。

“不生不灭者，超脱宇宙之疆”，此即谓之“人”。

瑜伽（Yoga）这个词原意为实现合一，清楚地展现了印度宗教抱持的态度。合而为一的意思不在于拥有，而是身在其间。拥有真理意味着拥有者与真理各有各的存在，而身在真理之中指人与真理合而为一。有些宗教在处理人与神的关系时，会向追随者保证，信仰够虔诚者将得到奖赏。这个奖赏的价值具有目的性，它给我们某种外在的理由去追求某一条特定的路径。我们在印度也有这类的宗教。但那些进入更高境界的宗教才会把与上主（Narayana）即人的至高真理合而为一视为追求的神圣目标。

透过人的心智没办法做到与神圣的至高真理合一，因为心智在人体组织里面是个斤斤计较的部门，在人的理性范围内发挥节制意识的功能，以便与现象世界维持互动关系。瑜伽的目的就是帮助我们跨越心智设下的藩篱。当藩篱突破之际，我们的内在自我便充满喜悦，而透过这样的自由，我们得以触及真理，因为真理就是终点，是极乐。

人沐浴在普照大地的光芒下，广阔无边的视野油然而生，于是他对着太阳膜拜，也献上祭品朝着火源敬拜。时间独特的性质让人体悟生命的无限，于是他说：“所有的存在皆源于火并在火中盘旋。”他对这样的理解有信心，因为他感受到生命的奥秘主宰着他存在的目的、他的主观运作，以及他所有的行动。他对于真理的诠释受到生命的启发，而非其他无生命的事物。他又进一步探索存在的意义，得到一个结论：“无限的本身即为爱”，是永恒的喜悦。出于对无限的领悟，他展开了宗教之路，起点从自然的“天”开始，因为光亮自天而降；接着前进到生命，代表自我创造的力量；最后的终点在“人”，无穷尽的爱之所在。“去认识等待被了解的人”“如此，死亡便不再令你悲伤”。这个“人”不生不灭，他集合了每个人真实人性中的不朽。经典中对他的描述是："这是天赐之人，世界之工，存乎所有人心中的伟大灵魂。"

"了解他，必能穿越死亡阻碍。"要做到这点，无关乎时间长短，而关乎真理的实践。

真理存在于世间所有的活动中，也住在人的心中，因此我们与真理的融合，绝不会是消极的合一。要与真理结合，我们必须放弃自私自利的行为，成为"世界之工"，也就是要为所有人做工。我虽然用了"所有人"一词，但不是指数量多到数不清的个人，只要本质良善，再小的善都具有普世的积极价值，这便是实践为全人类扬善的"世界之工"。为了要跟"伟大的灵魂"（the Great Soul）结合，我们必须培养能够与所有人内心相互呼应的心灵。这个观点有助于我们了解佛陀的无量心（四梵住，Brahmavihara），他说：

> 无敌意，无危险，无精神的痛苦，无身体的痛苦。宛如母亲守护独子，对所有生物持大爱。
>
> 在汝之上、汝之下、汝之四方，对世界一切充满怜悯与大爱，不阻碍、不伤害、无敌意。
>
> 行住坐与卧，无有疲倦时，善安住此念，此即谓梵住。

这证明了佛陀所持的无限的观点，不在于从事广大无边的工作，而是仁慈与爱的入世理想，这才最能贴近人性。当你展现宽容、助人与爱人的情怀时，星辰或岩块不会有变化，所以你只能在人类身上实现无限。佛陀认为涅槃（Nirvana）是境界最高的目标。欲了解涅槃的本质，我们必须知道如何达到涅槃。它不只是去除邪恶的念头与行为，而是消除所有足以阻挡爱的路障。这代表了自我在真理（也是爱）上的升华，是爱让我们走向那些需要怜悯和扶助的人。

有人向佛陀请示存在的最初目的，佛陀严肃地回答，这是既不重要也不相干的问题。佛陀应该是认为这不在人类追求的考量当中。也许在哲学或科学的领域值得探讨，但它与人所遵循的法则或内在本质没什么关系。爱在人性中等待被实践，所有的付出都会得到永恒的回报，即使灯灭了也不是损失，因为还有太阳的光平等地普照众生。那么听到伟大导师这番话的人，是听到这些话才了解这些道理吗？不然，他们是从他的讲道和言行中直接体悟人类的终极真理。

所有伟大的宗教在其发源历史中都有一位代表人物，借由他们的生命展现真理，不是浩瀚宇宙与道德无关的真理，而是人性与良善的真实存在。他们使宗教脱离怪力乱神，并将其带进人的内心深处，使宗教的实现增进了全人类的幸福，不再是少数人独享的好处。宗教也不是为了让某些遗世独立之人体验入定的狂喜而存在，而是使各种族的人心得到解脱。这些人以使者之姿来到世上，告诉世人，唯有和永生者达致完美的关系，才能得到救赎。不论他们提出的教义为何，有些也许还是特定时代与传统的产物，但他们的生命与教诲具有人类存在更深一层的意涵，那就是存在于人、父亲、朋友、爱人当中的无限性；只有透过事奉全人类，事奉才会圆满，因为隐身于大我的神能否实现，取决于人展现的事奉与爱。

有人在古印度树林间的树荫下问了这个问题：“我们献上祭品敬拜的神究竟是谁？”

这个问题我们依然得回答。在回答之前，我们应该怀抱着深沉的爱意与成熟的智慧，带着感情，也带着科学观，带着创造的喜悦及伴随着勇气的痛苦，先理解人是什么——“在牺牲中欣赏他”（tena tyaktena bhunjitha），出于爱的牺牲；“勿贪求”（ma gridhah），因为贪婪会使你的心陷入幻想，使你脱离真理，而原本的你在真理之中就代表着“至高无上的人”（parama purushah）。

贪婪让我们的意识转向物质享受，远离至高无上、象征无限存在的真理。心灵之河退潮后留下的凹穴，我们试着用源源不断的财富来填补，可是这些事物虽能填补空虚，却缺乏团结和再创新的能力。空隙也许被光彩夺目的事物暂时遮蔽，但只要一时不察，我们的重量便足以引发令人措手不及的塌方。

然而，真正的悲剧并非存在于物质安全受损，而是存在于人的蒙昧不明。人在心灵的创造性活动中，将周遭环境视为他更大的自我，充满着生命与爱。但是他可能生出野心与贪婪，自我因冷酷无情的行为而降格。争名夺利的世界不但影响内在本质，还昧于现实地主张宇宙是一种抽象体系。在这样的世界并不存在真实的自由（mukti），它是个暗无天日的牢笼。不管怎么看，我们的世界是个具有客观事实的封闭世界；就像一颗有坚硬外壳的种子。但是在封闭当中，我们正在为了自由无声地哭泣，即使自由的可能性微乎其微。当某些强大的诱惑过度膨胀乃至僵化，塑造人类文明的热情就如同种子失去发芽的热情一样，也会死去。真实的自由只存在于理想之人的真实中。

五　先知

The Prophet

我在本书一开始便表明，透过我们的感觉、理智或想象而与我们连接的宇宙，必然是人的宇宙。当有形的自我以正确的知识和行为与有形的世界互动时，便获得了力量与成功。人从奥妙的宇宙现象归纳出的自然法则，都与人的理性相互呼应。远古时期，人与外在世界的物质往来与其他物种无异，都是为了维系生命。正因如此，人类最初的宗教性表达也从自然界出发，那是源自对自然力量的惊叹，企图透过神奇的咒语和仪式，为自己和部族求得这股能量。换句话说，此时的宗教，是人借由施展本身的力量以便享有美好的自然神力。接着，人有了更多时间，他将注意力深入内在本质，解开人性之谜成为人最关心的一件大事。人的本我（personal self）本能地去实现更高层次的人性的真理。在宗教史上，探索人性的本质历经了许多变化，就像我们了解物质世界的历史一样。人们敬神的方式也随着这些变化而有所不同，但进化的方向是从外在形式和神奇魔力转为重视道德与灵性。

人的宗教的第一起重大改变，始于波斯祆教的伟大先知琐罗亚斯德（Zarathustra）。他在当时引发了一场革命。之后，历史在印度重新上演，宗教斗争的历程一一记载在古印度史诗《摩诃婆罗多》（*Mahabharata*）中，奎师那（Krishna）之名与《薄伽梵歌》（*Bhagavadgita*）的教义皆出自于此。

伊朗重大史实中最引人注目的，当属琐罗亚斯德引发的宗教改革。几乎没有人会否认他是目前所知，为宗教赋予道德特性与明确方针的第一人，他鼓吹的一神论也塑造了行善即完美的典范，奠定了宗教恒久不变的本质。所有宗教的开端不外乎规范人的外显行为。琐罗亚斯德是最伟大的先知，他为人类指出通往自由的道路，使我们得享遵守道义的自由、免于盲从无理训示的自由，以及免于多神崇拜，维持信仰专一而纯洁的自由。

良善的行为出自良善的动机，这句话在今日听起来是陈词滥调，但这个道理对从未受启蒙的人们来说，不啻是黑夜中的一线光芒，只不过到目前为止，这道光还未能照拂到人类社会中所有阴暗的角落。所以我们依然看到有些人因恐惧而信仰，以为拘泥于形式便能得到某种益处，讲究表面而缺乏实在的道德底蕴。相形之下，琐罗亚斯德的不凡之处便自然凸显而出。虽然身处缺乏理性的黑暗时代，周遭充斥着幻术迷信者，琐罗亚斯德表明宗教的本质存乎道德，而非出于虚华无实的外在仪式；宗教的价值在于支撑人们过着具备善思、善言与善行的生命。

盖格博士（Dr. Geiger）表示："先知将他的宗教描述为'前所未闻的言论'《祭仪书31.1》（*Yasna* 31.1）或'玄妙之义'《祭仪书48.3》，那是因为他知道他的宗教与当时其他的信仰非常不同。他所预告的天启对他来说不必诉诸情感，不再只是模糊的预感和神性概念，而是关乎智识，关乎灵性感受与知识。这点之所以重要，是因为古老宗教的基本教义大概很少能像《赞偈》（*Gathas*）★一样，明确地指出宗教是一种知识或学问，是发掘真理的科学。不信者无知；相反的，信者因为洞察此点，所以是明智的。"

顺道一提，在印度宗教的思想史中，贯穿整部《奥义书》，灵性真理这个概念不断强调"知识"（vidya），及其反义词avidya，指的是接受不理性的错误。

真理的外在表现会透过内在实现而趋向极简。真正的简单是完美的表征。人类在灵性成长的初始，不太容易觉察到生命与世界奥妙的无穷尽，也无法确实体会人与真理之间的关系，所以最初只有恐惧或欲望，这两种感觉都会使人陷入过度的崇拜与狂热的仪式主义。详尽记载琐罗亚斯德信仰的经典《赞偈》只字未提崇拜仪式，而是强调行为和驱使行为的道德动机。

在古伊朗，传统的波斯人拜神时会采牲祭和血祀。公开挑战这些仪式的琐罗亚斯德不但展现勇气，也显示他具备理解至高无上的存在（Supreme Being）即心灵的能力。据说希腊哲学家普鲁塔克（Plutarch）曾说："琐罗亚斯德教导波斯人将'誓约与感恩'献给阿胡拉·马兹达（Ahura Mazda）†。"建立在血腥祭仪之上的信仰，与视培养道德与心灵纯净为敬神正途的信仰相比，有着天壤之别。琐罗亚斯德是第一位跨越这个间隔的人，那份深信不移的体悟为他的人生与言论带来信仰的热度，令人赞叹。洋溢在他心中的真理不是他看书得来或向老师学来的，他也从未遵循任何的传统习俗。真理的降临，仿佛使他的生命整个被照亮，泛我（universal self）和自我（personal self）开始交流，所以他立刻道出这份领悟：

> 当我想到你，马兹达，我视你为最初也是最后，无比神圣，你是善念之父，真理与正义的创造者，审判我们一切作为之神，于是我的眼中便留下了你的位置。
>
> ——《祭仪书31.8》（D. J. Irani译版）

当心灵被触动时，他说：

> 于是，我宣告至尊至大的到来！我以真理为祂编织赞

美歌，所有生物雨露均沾。让阿胡拉用心听取赞美歌，良善的心智提醒我敬拜祂；借由祂的智慧，我们学到什么是上上之道。

——《祭仪书31.8》

真理不是透过推理分析的过程而得到的，也无须凭借外显事实、普遍信仰和习惯来支撑，真理就像你受到周遭事物触发而得到的灵感一样，你确实相信真理来自内在的神圣智慧。悟出真理的人是特别受到启发者，因此有责任成为传播神圣真理的媒介。

人跟神打交道时，如果他认为神只会把好处发放给那些懂得取悦祂的信徒，他便会想尽办法将神据为己有，或只跟自己人分享。然而，当人领会了道德天性，也就是神的人性，在他的信仰里悟出神性自我（divine self），神就不再是需要人刻意讨好才给予庇佑的外来者。对神的觉知，不但超越种族界限，也使所有人类结合在神圣的和谐中。琐罗亚斯德是让宗教超脱自古以来狭隘定义的第一人，让原本专属于某个氏族或某群人的神，为普天下所有人共有。这是宗教史上的伟大成就。当大师证悟时，他说道：

斯拉翁加（Sraosha）★带来理性，我因你的教诲产生智慧时，便确确实实地信仰你，阿胡拉·马兹达，至高至仁之神。即使任务艰巨、强敌来袭，我必将你的福音传遍全人类。

——《祭仪书43》

他向马兹达祈求：

阿胡拉·马兹达，请如实告诉我能裨益全人类的宗教，奠基于真理的宗教将在我们之中广为彰显，这样的宗教让我们怀抱虔敬之心，从事守序与正义的行为，也让我们期盼理性，祈求马兹达的神启。

——《祭仪书44.10》

琐罗亚斯德深信马兹达能使人直视真理，便对着世界宣布：

凝神细听，你们这些从四面八方前来此地的人，现在我要开讲！反复思考我说的话，用心惦量话中传达的意义。恶神绝不能再度破坏这世界，因为他的嘴被消音，他的诡计亦被揭穿。

——《祭仪书45.1》

我们能毫不迟疑地说，这样的宗教概念以如此明确的语调论述，坚信那是必须传递给全人类的终极完美理想；在文明初露曙光的古早年代，具备这种高度的概念，在各个宗教史来看都是独一无二的。

曾经有段时间，波斯人跟其他雅利安人一样，以自然界的元素作为敬神的对象，但人们不必靠着道德或博爱来获得神的青睐。这些行为所代表的，是人们探索自然界力量来源而萌发的科学精神。过程中必然有个更深层的欲望在酝酿着，这个欲望一方面与追求力量的狂热格格不入，另一方面也暗示了内在的良善美好永远比物质的增加来得更珍贵。这个声音起初并不大声，多数人也没有特别留意；但它像隐身于种子内部的生机，悄然做功，带来影响。

随着伟大的先知降临，埋藏在他生命与内心的真理火苗一瞬间窜出，烧成光芒万丈的烈焰。人类最好的本质历经数百年的晦暗，靠着一些迹象和低语不断做功，最后终于发出无法被消音的声响。这是专属于人的声音，不再受制于特定时代或特定人群。这道声音在寂静与遗忘、沮丧与挫败间穿梭，最后挟带着所向披靡的呼喊重现世间。这道呼喊是在召集战士对抗虚假，对抗所有使人忘却追寻更高自由的斗志而掉进物质陷阱的诱惑。

琐罗亚斯德的声音至今依旧响亮。然而，他的重要性不仅在于被历史学家认为具学术价值，也不是因为他巨细靡遗地指引一小群人该如何过日子。在所有传道大师中，琐罗亚斯德是第一位超越时空，以古今中外全人类为传道对象的导师。他不是无意间靠着摩擦生热而点起火光的穴居人，深恐别人也来享用，于是死守着星星之火。相反的，他是守夜人，独自伫立在东向的山峰上，在旭日从地平线升起时，为沉睡的世界大声唱起光明之歌。他向世界宣布，真理的太阳为人类所共有，日光照射之处的人们无论远近，都将团结一致。然而，这种讯息却总在那些习于夜间活动、在黑暗中得利的人群间引发敌意。终其一生，先知的追随者不断与其他以维护传统礼教为名却无真理之实的反对者激烈对抗。

传闻道，“琐罗亚斯德是王族后裔”，而且最早改变信仰追随他的正是统治阶级。实则不然，像吟唱师、念咒师等祭司阶级，总是成功地把统治者拉到他们那边。所以我们知道，波斯内部的上层阶级在这场争战里是分裂为二的，就如同在印度发生过的俱卢之野大战（Kurukshetra War）。

信仰的净化之路在波斯和印度两地都由伟大的导师带领，而且路线相当接近，这令我感到欢喜。我们已经看到琐罗亚斯德是如何升华奉献的意义，将以前牺牲必定见血的外在仪式提升到精神的层次。印度的《薄伽梵歌》也记载着，献祭（Yajna）经过转化，从原始而粗野的形态演进至带有更深内涵的概念。

根据《薄伽梵歌》，为了自我约束、自我割舍而采取的无私行动，才称得上真正的牺牲。因为创造是来自造物主梵天（Brahma）的自我牺牲，除此之外梵天别无其他目的。正因如此，当我们履行牺牲奉献的义务时，便实践了梵天的精神。

奉行琐罗亚斯德思想的波斯信仰，确实是合乎道德的。这个理想呼吁人们秉持永恒的善念，合力对抗所有的邪恶势力，彰显并维系公正守义的国度喀沙特拉（Kshathra）。这样的理想为我们赢得协助神在世间传递幸福的地位。

> 智者认真思考，一切便明白不过；
> 尽全力维护真理者，以言行拥抱真理者，
> 是的，那便是你的得力助手，马兹达·阿胡拉！
>
> ——《祭仪书31.22》

人类社会总是处在两股势力的拉扯中，一股力量拯救我们，另一股力量将我们拉进灾难的深渊。我们必须明白这个事实，唯有这样我们才会了解，选择了正义的道路，马兹达·阿胡拉将站在我们这边，这是唯一得到救赎的希望。

这个宗教强调的英勇特质，反映出他们的民族性格，成就后来东征西讨以武力创建的庞大帝国。他们以严肃的态度接受这个世界，对生命怀抱热情，对自己的力量充满信心。在西亚称霸一方的波斯文化，其影响透过毗邻的朱迪亚文明传到西方大陆。他们崇尚的理想带有高昂的斗志，相信凭借着强烈的毅力和勇于牺牲的行动，将在此世获至圆满（haurvatat），在来世得到永生不朽（ameratat）。天堂必须透过征服才能享有，这是西方世界最完美的理想，伟大的战斗面貌。而如此神圣的职责是属于那些在

战役中站在对的一方，手持对的武器的英雄们。

印度史上也有一段英雄史，此时的神圣斗志是透过梵语文学中最经典的诗作唤醒的。这种奋战精神近似琐罗亚斯德倡议的概念。这首诗一开始便点出问题，那就是被恶人侵占的天堂必须由英雄来解救。这是人永远都必须面对的难题。真实之神沙提（Sati）与善神湿婆（Siva）一分开，天堂就落入邪恶势力之手。只有真与善结合，英雄才能在解救一切真实与美好的过程中养成。但出于激情的结合触怒了天颜，结果令人失望。最后是借着苦行式的净化，英雄在真与善合而为一之后出现，力抗所有邪恶，重新夺回天堂。这是一首描述理想的道德战争之诗，诗中首位大先知便是琐罗亚斯德。

我们必须承认，这个理想对西方人的影响比对印度人来得深刻。在西方，生命的活力得到自然的全力支撑，过剩的精力在无穷的行动中找到乐趣。但不管在世界哪个地方，未竟的理想会是灾难的推手，它会在暗中，甚至在一片大好的情势中积攒实力，先攻击人的灵魂，再把人推向毁灭。积极的意志力经常伴随肉体上的强健，人如果没有服膺理想的责任，很容易被不断滋长的物质贪欲所奴役，最后辛苦建造的高塔被利益纠葛的烈焰吞没而倒塌，一切归为尘土。

琐罗亚斯德的预言提醒我们，所有的人类行动都应建立在一个具有理想性的目标之上，它既是起点也是终点。这个目标是和平，是不朽，是仙乐飘扬的极乐世界，是爱的实现，全都来自努力不懈的善言懿行。

噢！马兹达，你握有生命中所有喜乐，过去、现在，以及未来的喜乐，都因你对我们的爱而降临。

身处热带东方的我们，虽然没有多余的体力去从事额外的活动，却也有属于我们的理想。我们不需时时处于备战状态，而是集中内在心智，安抚欲望引起的骚动不安，最后达到存在的永恒安定与圆满和谐。同样的，未竟的理想也会让我们走向歧途。如同旺盛的活力可能失去内涵，只用相同的材料对着灵魂填鸭，会让无欲无求的平静变成死寂一片；本该提供我们安住的内在世界也成为一个梦境错乱的世界。

克制欲想和约束感情只是帮助我们不过度浪费精力并将之导入正常的管道。倘若我们选的管道方向往内，它同时也要在行为上有所表现，别无所求，只是为了证明它真实存在着。倘若没有这层行为的验证，我们的理想实践过程走上纯然的主观，那么我们就像夜晚中的沙漠旅人，一直绕着无谓的圈子，却误以为自己依然走在通往目的地的大道上。

这就是《薄伽梵歌》的先知一开始说的：

舍弃一切欲望，无伎无求，无私无我之人，会走向平静。

但先知不只讲到这里，他接着表示：

将汝之思绪暂存于至高自我，所有的行动都交付给我，放掉被释放的希望与自我，被消减的狂热，加入战役吧。

行动是必须的，战斗也是必须的，但无关乎热情或欲念，也无关乎傲慢自大，而是追求永恒的任务，求取灵魂的安适，好让我们与至高无上之神合而为一。

琐罗亚斯德的战斗教义追求合一。他认为战斗的终点是天堂，是性灵的和谐一致。他这么吟诵着：

愿意亲近善良，与真理相伴的人，决意坚持崇高理想，唾弃憎恨暴力，远离恶意斗争的人，这是仁厚亲爱的人，噢，马兹达，我将带领他们进入天堂！

详细的历史枝节是学者争辩的主题，却不是我关注的重点。我是歌者，总是受到天堂传来的乐音的深深吸引。当思潮自东方流传而来，同时有西方的元素融入，最后形成深厚而和谐的内涵，总令我满心欢喜。

人在讲到物质财富时，会因为拥有的资产与享有的特权而志得意满。很遗憾，一些不甘寂寞的人竟把这些傲慢和欲念带入灵性与真理的领域。如果中国人证明太阳先照耀着东方，故宣称太阳是属于他们的，这说法合理吗？

对我来说，当我发现世间最美好之事都具有普世性，才是最令我感到骄傲的时刻。这些美好扮演着增进和谐的角色，同时避免细微的差异演变成互相伤害的因素。

注释

★ 译者按：祆教的经典。

† 译者按：祆教的主神。

★ 译者按：祆教的天使之一。

六　洞察力

The Vision

这本书写到此，想必读者们已经察觉，我既非学者，也不是哲学家。所以请不要期待我会旁征博引，搜集大量研究或进行辛苦的调查，提出高知识性的结论。引发我对宗教的兴趣与重视的，是一些信仰真理之人的经验。接下来我会分享自己的生命故事。我在成长的过程中实践生命的宗教，而这个过程并不是透过代代相传或由他人施加于我才启动的。

人们克服了气候限制，把整个地球纳为己用；我们不像狮子或驯鹿只能住在特定的气候区，我们有能力为自己创造合适的外衣和温度，这当然也包括无所不用其极地猎捕原生物种的毛皮并盗用它们的油脂。

人类控制的领土之所以随着时间演进不断扩张，得力于记忆。这个能力可以把过去在世界各个角落累积的技能加以联结并触类旁通。可以说，人们所在的世界是个有历史、有连续记忆的环境。动物征服时间的方式是透过一代接一代的繁殖，而人的方法是透过心智把进步的轨迹一一记录下来。人类懂得运用不断延续的历史记录，从历史中汲取经验，再加以反馈改进，因此创造出大量的知识与智慧。

人还有另一个居所，它必须经过内在的实践而来，价值是难以衡量的。在这里，人的意识如同种子一般，从心智的土壤底层面向自由那耀眼夺目的核心，出其不意地抽出新芽。于是，个人得以实践普世人类的永恒真理。为了证明这个论点，我要提出自己突发的灵性满溢的经验。事情发生的方式，就像地下水流突然间涌出地表一样的出乎意料。

◎

我出生的家庭，在那个时代，是以《奥义书》为思想基础，热切地发展一神信仰。不知何故，我一开始即采取淡然的冷漠态度，丝毫不为任何所谓的宗教所动。这是个性使然，我从不因为旁人都相信就去接受某个宗教的教义。即使我所信任的每一个人都相信某种价值，我也无法假装自己是如此。

所以，我的心智得以在不受拘束的自由情境中养成，那不是任何经典授予的绝对权威，或某个组织严明的宗教团体认可的信条所宰制的自由。也因此，任何对我有所质疑的人都有权利不相信我的论述并否定我的想法。就此而言，许多人奉为圭臬的书籍可能比我个人的主张来得有内涵，因此我并不是要宣道说教。

回首过去的岁月，我似乎不自觉地追随吠陀时期老祖宗的步伐，同样在热带天空下得到终极来世的启发。不管是乌云密布的山雨欲来之势、狂风暴雨中剧烈摇摆的椰子树影、酷暑午后的寂静、太阳在秋日清晨的雾霭后方升起……这些奇观无时无刻不在陪伴我的心灵。

之后我在婆罗门的入门仪式中，读到为修行而作的嘎雅翠（gayatri）★赞颂诗，它是这么写的：

> 让我细细思量造世主的伟业，祂创造了地球、天空、满天星斗，也赋予我们的心智理解这一切的能力。

这段诗文带给我宁静的喜悦。在每日的冥想中，存在感使我的意念与外在世界合而为一。虽然现在我已经了解，人的存在感可以视为主体与客体完美融合的无限人格，但那时候的我还懵懵懂懂。因此当下引发我内心骚动的思绪并不是很明确，像是处在流动的氛围中，而只有明确的自我定义才能让我感到满意。显然我的宗教是诗人的宗教，既不是一般人笃信的宗教，也不是神学家描述的宗教。宗教让我有感的途径，跟我写诗歌时灵感出现的方式一样，都是无形也无痕的。我的宗教人生的成长模式跟我的诗歌生命一样，都是神秘且不可思议的。若要我为这两种生命经验下注脚，可以说它们花了很长的时间才把订婚流程走完，最后以奇妙的方式结合为一体。只是实际上如何发生，我百思不得其解。

十八岁时，一次意外的宗教经验让我仿佛享受到生命头一遭的春风吹拂般美妙，在我记忆中留下灵性实相（spiritual reality）的直接信息。那日，我在破晓时分起身，凝视从林中倾泻而出的日光，瞬间感到笼罩千百年之久的浓雾在眼前消散。世界在晨光照耀下，由内而外散发出喜悦。寻常无奇的事物在此时掀开看不见的面纱，显露其真实面貌与根本价值，于我心中留下强烈的印象——那就是美。那次经验之所以难忘，在于我接收到的人性信息，它让我意识到人类世界中超越人性的那一面。惊喜的第一天，我写下《瀑布的觉醒》（*The Awakening of the Waterfall*）这首诗。瀑布的灵魂因冰封而休眠，只在阳光的触碰下重获自由，一泻千里，在无尽的牺牲中，在与海洋不断交汇之际，找到它的归属。四天后，我见到的景象消失了，眼前事物再度退回面纱后面，回到黑暗的世界，再度变得黯淡平凡。

再年长一点，我接下村里一些重要的工作，也在附近住下。时间在乡村的脚步十分缓慢，生命中的悲喜都以最简单原始的样貌出现。但在平静无奇当中，我还是经历了一次奇特的体验。那日，我结束上午的例行工作正准备沐浴时，在窗前站了一会儿，窗外就是市场，再过去是河岸，干涸的河道静待着大雨的滋润。

突然间，我察觉到心灵一阵骚动。我的经验世界在那一刻似乎被点亮了，原本那些与我不相干的模糊事物展现出意义非凡的联结。那个感觉就好像原本在浓雾中找不到方向而胡乱摸索的路人，蓦地发现自己就站在家门口。

记得小时候刚开始上识字课的某一天，手里的课本尽是一个个必须硬背的单字，字与字都扯不上关系。那日的上午就跟褪色的书页一般，字迹成了毫无逻辑的笔画，满是污点、空白和虫蛀的痕迹。但是突然间，我发现一行串连起来有押韵的句子，翻译出来的文义是："天空下雨了，树叶震动了。"当下我进入另一个世界，在那里我重新获得完整的价值。我的心智接触到创造性表现的领域，不再是那个因拼字而窒息，被教室圈住的学生了。在雨中摇曳生姿的树叶，形成一幅充满节奏感的画面，我的世界被开启了，它不再只是个提供知识的地方，而是一个与我的生命和谐共存的所在。先前所有不连贯的片段串连起来，眼前所见的一切形成有意义的整体，这个景象令我狂喜。过往以为漂泊的海浪，再看也都有了归属，全都是无垠大洋的一部分。我确信有某个理解我和我的世界的"存在"（being），正在以我所有的经验创造出最佳的表现，把这些经验整合成不断扩展的独立个体，一件具有灵性的艺术作品。

我对这个"存在"具有责任，因为这件出自于我的艺术创作，既属于他也属于我。当初循着永恒的构想来建构宇宙的，可能是同样的创造性思维；但是在我这样的凡人身上，"他"让某种人类关系的焦点进入愈来愈深刻的知觉状态。我的忧伤总在煎熬的长轨上留下印记，折磨着我，不过在那个当下，我明白这些忧思是我进入创作的必经阵痛，让我创造出超越个人极限的作品，就像每一颗星星约好同时发光，便能照亮宇宙的历史轨迹。我因为感受到崭新的同伴情谊，揭开两者相遇相会之谜而雀跃不已。我知道我终于寻得了信仰，那是人的宗教，它把“无限”摆在人性中，并且来到我的身边，向我寻求爱与合作。

后来我持续把这个想法，在诗里面以Jivan devata（Lord of my life，“我的生命主宰”）这个用词表达出来。诗是自我记录的工具，用它来证明我的经验，会比在问答间不自觉偏离原意更真实。因此，纵然使用外国语言对我来说有诸多局限，我仍勉强转译如下：

你是我生命最深处的灵魂，
我的生命主宰，你是否欢喜？
因我献上一杯
盛满所有苦乐的酒，
那是我把内心的葡萄碾碎所酿，
我用色彩与歌声的律动为你编织覆被，
再加上我用欲望熔铸而成的黄金
造了玩具供你余暇赏玩。
不知为何你挑选我做你的同伴，

我的生命主宰！
你是否保管了我的白天与黑夜，
我的行为和梦境，供你挥洒神奇，
还把我的春秋之歌缠绕成你的乐音，
更折下我成熟的花蕊点缀你的王冠？
我看到你双眼凝视我心深幽处，
我的生命主宰！
是否我的失败与过错已被宽恕。
因多少日子以来，白日不思付出，
黑夜在悔恨中逝去；
花朵被遗忘在角落枯萎，未曾敬献于你，
我那上紧琴弦的鲁特琴，
总在弹奏你的旋律时废弛，
光阴虚度后的残余分外凄凉
孤夜只泪水相伴。
是否，我的末日终将来临，
我的生命主宰！
在我怀抱你的双臂渐垂，
我的亲吻不再真实的时刻？
不如结束今日死气沉沉的相聚吧，
再用崭新的欢愉化去我身上老态；
再一次结合，

在另一场生命的庆典。

◎

我在七月某个闲来无事的时刻偶然得到的体会，事先完全没有意识到，却那样地发生了。那天上午，我看到东方天际聚集的云层，轻柔地在摇曳的竹林上方遮住日光，几名嬉闹的村童站在河岸边拉着一艘老渔船；那时，一股难以言喻的思绪像来自遥远国度的火车，满载着财宝驶进我的脑海。

我打小时候便是感觉敏锐的人，对周遭的环境都有很强的觉察力，不管对自然或人都是如此。我家的房子外面有个小花园，那里简直是我的乐园，每天都能观察到美的奇迹。

几乎是每日的清早，我都会从床上直奔小花园，迎接黎明第一道粉红色曙光，看着日光从那排沿着花园边界而立的棕榈树间透出来，小草上的露珠在清风轻抚下微颤，发出晶莹的亮光。友情的呼唤从天空传来，我在这静谧时分全心全意地接受溢满四周的光亮与平静。我满心期待每日早晨的到来，一天都不愿错过，因为每一个清晨对我来说都弥足珍贵，比守财奴爱黄金的程度有过之而无不及。我知道，挡在我和那个“超越我的存在”之间的面纱消失之时，我能体验更深层的自我。

我天生就有强烈的好奇感，它像一把钥匙，让小男孩进入万物存在的神秘宝库里尽情探索。我不太关心课业，因为学校总是粗暴地使人抽离周遭的环境，让我跟被关在实验室笼子里的兔子一样痛苦。也许这正好可以说明我的宗教究竟是什么。在我的眼中，这个世界是有生命的，它与我的生命息息相关，其间有一股微不可察的亲密感，使我存在的价值益发深刻。

这个世界有它非人的、客观的一面，科学家的目的便是追求这样的真相。一个人和他的儿子之间是父子关系；但作为医师，他必须抽离这层亲子关系，让孩子的存在变成抽象的生物概念，仅视其为有生理功能的身体。我们不能说，如果这个人一直在行医，他会舍弃自己和儿子之间的人的成分，因为身为医师得到的真理更甚于身为父亲的真实。有关儿子的科学知识，都只是现象、信息，并不是真理的领悟。怀抱着对儿子的亲密感，他才会接近终极的真相，那是关系的真理，宇宙间和谐一致的真理，创造的根本原则。所有的元素也一样，不能仅用中子与电子的数量来理解，因为组成分子之间的关系依旧是难解之谜。身处情感和喜悦当中的我们，有能力实时察觉这些关系的本质；这层体会让我们有资格认定，这位至高无上者与世间万物密切相关，理解宇宙之道，祂就是爱的化身——理想的关系就等于至高真理所代表的爱。

小时候曾发生过一起令我反感而震惊的事件，至今记忆犹新。有个医学生拿了一条人类的气管给我看，以为我会赞叹人体构造的巧妙。他试图说服我，人类美妙的声音就是从那里发出来的。事实上，艺术品不会凸显器械的角色，而是以和谐的方式展现，这是创作的奥妙之处。仅用技术观点来定义事物，我是无法接受的。神并不在意祂的丰功伟业是否被记录在石碑上，但祂透过青草地、花儿、云朵的色彩变化，以及潺潺的流水声，在世间传递善与美的成就，对此祂必然深感自豪。

我通常无法分辨究竟是什么人或什么事在触动我的心弦。就像婴儿不知道母亲的名字、身份或做什么工作一样。我心中经常出现的感觉，多半是透过四面八方生气蓬勃的沟通管道注入我的天性，而让我对于人性感到满足。

科学家可能会认为，不去区分生命与非生命，人类与非人类，是原始心智的象征。这点我承认，但我希望这不是非难，而是赞许。这也许是科学真正的特性和思考模式，让原始的大脑相信人性的存在，是因为有了普世的人类真理，而这个真理跟人的理性和意志是和谐共处的。世间万物或有不同，有的差异被定义为非人类，但这还没触及本质。举例来说，骨头跟肌肉不一样，但在体内是合而为一的。我们的快乐，或者我们的想象，都跟宇宙合而为一，然后才被心智所感受。虽然不必否认种种细微而复杂的差异，但听从内在的声音没有错，它有时也能敏锐地感知到一个无所不在的力量对人的回应。

现实的细部差异必须靠科学研究来分辨，但是对于体内神奇的和谐关系，科学却难窥究竟，有赖人的心智去理解。这便是人的原始想象力，一种清新而直接的经验，有首诗便如此赞叹：

宇宙的智慧与心念！

灵魂是思想的永恒真理，
气息的形与象，不朽的运行
由此而生。

另一首诗也谈到这个概念：

用微笑即能照亮宇宙的光，
天地万物借以运作的美好。

神学家可能会跟科学家一样摇头反对，认为我写的东西是泛神论。我们先别陷入用词之争。当我说我是人的时候，人这个字指的是人的普遍概念，不管在任何人身上都是一致的，即使每个人都不同于其他人。如果我们轻易地把这个想法贴上泛人论（pananthropy）的标签，企图用这个名称去除它的神秘感，其实意义不大。我的宗教主张是这样的：由有生命和无生命物质所构成的世界，因为人的关系而得到最佳的体现。人作为造物主的创造物，是造物主的象征，这也是为什么在所有物种当中，人才有能力用他的所知所感以及想象来理解这世界，他的灵魂甚至会与无所不在的圣灵结合。

举个例子，假设有个外星人来参观地球，刚好在留声机上听到人类的声音。对他来说，会动会发出声音的是那张旋转的唱片。他不知道留声机与人类的连接，所以便接受了唱片所代表的客观真实；这都是触摸得到也测量得出的现象。但他会纳闷，机器如何与灵魂对话。如果继续探查下去，他会找到作曲者，从作曲者的口中得知音乐的理念，立刻就能明白音乐是人与人之间的沟通方式。

只是提供信息的事物，我们能够透过测量来了解；但会带来快乐的事物，便无法用原子和分子的聚合来理解。世间的安排很玄妙，冥冥之中有股想让我们快乐的念头，这表示在天地间的物与力之外，还有其他信息会透过人的神奇接触传递过来。但这种触动只能凭感觉，不能做科学分析，这跟外星人的例子一样：外星人回到自己的星球，最多也只能向他的同胞解释，感动他的“人”没有形体，虽是透过机器传送，却能触及内心深处。

玫瑰带给我的满足感在黄金之上，难道只因它外型饱满、色泽粉嫩、令人赏心悦目，而后者只能用来买生活必需品和奴仆吗？必定有人不认同拥有一朵玫瑰会比拥有一块黄金更令人快乐。反对者也许不明白，我要强调的并非表面上的价值。假使我们要穿越一片黄金沙漠，那么这些黄澄澄的金块在我们眼前应该会变成严酷的恐怖象征，而看到玫瑰就如同进入了天堂。

一朵玫瑰带给我们的喜悦，绝对不是花瓣完整而已，就如同听音乐的美好感受并不存在于留声机上的唱片里。究其根本，是玫瑰隐含的那份使我们感动的爱意。将玫瑰花送给爱人，是因为玫瑰花语代表着爱，这比我们说出口的话更加难以测量。所以，送玫瑰花就等于说出了放诸四海皆准的喜悦语言，达到表意的目的。

◎

我年轻时，有幸得到一份珍藏，那是许久前毗湿奴派诗人所作的抒情诗集。我因为体悟埋藏于情诗间的一些言外深意而感到欣慰。就好像发现象形文字的人，虽然文字本身已是美学极品，但突然找到能够理解文字内容的关键更是令人喜悦。我相信毗湿奴诗人笔下的爱人是一位至高无上者，我们都能在所有爱的关系中感受到他，那是自然的爱、生物的爱、孩子的爱、同志的爱、爱人的爱，也是启发我们理解真相的爱。诗人们歌咏的爱，是穿越人与神人之间无数障碍的爱，一份需要彼此支持才能成就个人和宇宙完美结合的不朽情缘。

毗湿奴诗人吟咏的爱人吹着笛子，笛音抑扬顿挫，那是存在于自然与人当中至美至爱的声音。这些音符向我们发出邀请，请我们走出自我中心的孤独人生，进入爱与真理的国土。我们究竟是天生失聪，还是忙着为自身竞逐，被市集的喧闹嘈杂蒙蔽了双耳？我们没听到至爱之人的音乐，因为注意力都集中在如何将属于别人的占为己有，竞相投入巧取豪夺、欺凌弱者的斗争当中，还为自己的奸计沾沾自喜；那个湛蓝天空降下爱之雨、地底溢出爱之泉的世界，我们弃之不顾，固执地让生命变成荒漠。

在大自然的世界里，只要找到通往工艺之都的秘密入口，就能发现工匠居住的黑暗角落，取得有用的工具帮你做到许多事，但是永恒不在那里。那是储存信息的数据库，但不管信息本身多么重要，都不具备使人得到满足的条件。但在和谐之都，住的是位居万物核心的至爱之人，当人到达他那里的时候，立即会明白自己来到真理与不朽面前，所感受的喜悦既是最终，也是没有终点的美妙情感。

获得事件的信息或发现力量的存在，都是属于外在，而非事物的内在精神。获至真理的唯一标准是喜悦，当我们听到真理发出的乐声，收到真理传递的问候，我们会明白得到真理的感动是什么。这也是所有宗教最坚实不移的基础。我们享受自然光的方式跟电磁波不一样；日光不必等候科学家的介绍，一定会在每日降临。同样的道理，当我们意识到爱与美的纯净真理的那一刻，不必神学家出面解释或进行伦理学的讨论，便能立即由内在感受到无穷尽的真实。

我已坦陈，我的宗教是诗人的宗教。我所认知的宗教是来自洞察力（vision），不是靠知识。坦白说，对于罪恶或者死后之事，我都无法提出令人满意的回答。然而，我能确定的是，在我曾有过的几次亲身经验中，灵魂曾经碰触到无限，也因为喜悦的光照而强烈感受到无限的存在。《奥义书》提到，人的心灵和言语因为困惑而远离至高真理，但是当人掌握了发自内心深处的喜悦而明白真理后，便能远离所有的疑虑和恐惧。

如果我们在夜里被东西给绊倒，我们会强烈意识到物与物之间的分离状态。但白日来临时，又出现更强大的凝聚力来拥抱一切。人的内在洞察力接收到意识的光照时，便能立刻领悟到神性的凝聚力将凌驾于所有的差异与分歧之上。此刻，他的心灵便不再蹒跚而行，不再受到人类世界的个体分歧所牵绊，而是欣然接受这些分离或差异最终都是一体的。他也会明白，平静并非来自外在的种种安排，而是来自内在和谐，真理就存在于和谐中。他也知道，美永远是人的心灵与真理的媒介，而真理则等待我们予以爱的回应以获致圆满。

注释

★ 编者按：意思为宇宙的母亲，也是印度韵律诗之一。

七　心中之人

The Man of My Heart

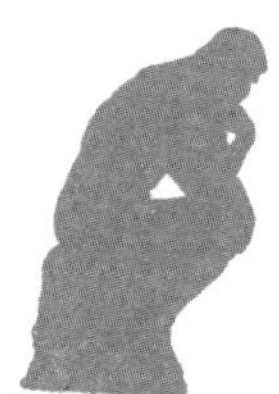

我的少年时代开场秀，是一次突如其来的体验。它太不寻常，让我的心灵充满疑惑，试图从已经确立的思想基础找出合乎常理的解释，努力调整这个突来的内在信息，让它比较符合系统性的信仰，也就是一般所称的宗教。于是乎，我欣然接受父亲提供的机会，在他主持的一神论教会的特别部门担任书记。我的主要职务是写赞美诗，这自然需要铭刻于心且捍卫传统的保守宗教观。出于对工作的责任感，我拼命说服自己，当时心中已然成形的其他想法跟教会成员是一致的，但这样的努力并不顺利，过不了自己这关的拉扯让我感到痛苦。

最后我明白，我的行为只忠于我所服务的宗教团体，却与我的宗教观有所扞格。教会代表的是人为的均质，具有最低程度的静态真理标准，无法容忍超越其界限的动态成长。我相信不管在宗教或艺术的领域，对一个团体来说很寻常的事必定不是什么重要的事。事实上，团体成员间本来就会经常彼此仿效。我一直觉得自己戴着面具过生活，隐藏了真实的面孔，所以经过许久的挣扎之后，还是离开了教会。

约摸此时，我偶然从一名包尔族（见附录二）乞人的口中听到一首歌。现代印度宗教的神祇各有不同的名号、形态和传说，有些来自吠陀经，有些则源于民间信仰，各有各的风格与各自的教派组织，使信众们在集体催眠中得到情感上的满足。有些教派别具美学价值，有些则是透过生动的传说传递重要的哲学意涵。但这首简单的歌谣之所以使我大感震撼，原因在它的宗教性表现既不是直接了当或未经修饰，也不是抽象的纯粹超越论。即便如此，这是一首极富生命力、情感真挚的歌曲，充满对神圣心灵的热切渴望，而他们追求的目标只存在于神，不在寺庙、经典、肖像或符号当中。包尔人所唱的歌是献给理想之人（Man the ideal）：

> 寺庙与清真寺阻碍你的道路，
> 让我听不见你的呼唤也动不了，
> 就在教师与祭司愤怒地把我团团围住时。

包尔人不遵循任何传统仪式，只信仰爱。根据他的说法：

> 爱是魔法石，只要碰触它，贪婪之心便化为奉献之情。

他又接着说：

> 为着这份爱，天堂选择化为人间，神明甘心降为凡人。

从那时候起，我时常去找这些人，想从他们的歌曲中进一步了解他们的信仰，因为唱歌是包尔人唯一的宗教仪式。接触过后，我发现这些作品的情感抒发和文词使用的原创性之高，实在令人赞叹，而且每首歌的表现都自成一格。比如说，以下这首赞美歌以青春不老为题唱着：

> 噢，我的花蕾，我们向青春致敬；
> 青春乃神圣恒河的生命源头；
> 自青春涌现乃为天赐喜乐。

接着再唱：

> 绝不拿熟透玉米敬献青春，
> 果实、种子都不行，

只有莲花苞代表我们的心。
一日的青春时刻是早晨，
我们在此时向祂顶礼。
宇宙在祂冥想中现身。

青春之神在这首歌里面，被称为“无穷尽之莲”，因为莲花的花芯象征圆满，也会不断成长，展开花瓣。

在印度，有些人从未写下任何关于人的宗教的论著，对于实践人的宗教却有强烈的渴望和实际的磨炼。这些人用生命来见证他们与存在于所有人身上、没有形体的“那个人”的密切关系。中古时期的印度诗圣拉贾（Rajjab）提到“那个人”：

神人（God-man，nara-narayana）是你的定义，不是空想是真相。在你身上，无限追寻有限，知识追寻爱；有形和无形（个人和宇宙）结合之时，便成就无私的爱。

同时代的另一位诗人乐维达（Ravidas）唱出以下的歌词：

噢，神圣之人你看见我，我也看见你，我们的爱便能共享。

一名孟加拉乡村诗人这么歌咏这位神人：

祂就在我们当中，这是深不可测的事实。当我们开放自我，真诚关爱身边所有人，我们便能认识祂。

诗人的兄弟则说：

人在我身上找人，于是我抛下自己离开了。

另外一位歌者唱到理想之人：

神的剧本在人间，经典如何通晓神之意？
听吧！我的弟兄，人之真理乃最高真理，再无出其右。

这些描述证明了，人可以被理解为客观存在的真理，并能引起深刻的归属感与爱。这个概念和其他人的智性崇拜大不相同，后者比较像一个耽溺于洗涤幻影却不幸迷失的身体。诗人华兹华斯（Wordsworth）说道：

人因欣赏、希望与爱而活，
只要这些具备妥善而明智的定位，
存在的尊严将使我们向上提升。

正是怀抱着存在的尊严，生而为人，我们努力扩展对人类实践的认知。实践的方式是透过欣赏与爱，还有希望，因为希望可以抛开现实的牵绊，跨越个别生命的局限，进入无尽的人类生命长流。

人的宗教便是由这个无限人格的观点所发展出来的。科学或许能把繁星和星球以外的空间纳入它的知识范畴；哲学或许企图找出万物根源的普遍法则；宗教却不免把注意力聚焦于人性，因为它启迪了理性思考，赋予我们智慧，激起我们的爱，也是我们理性奉献的根本。有一个我们称之为定律的非人格概念，利用逻辑推论来探索深奥难解的氢原子，以及被涡流火焰笼罩的远方世界。但是，正如同心爱之人的生理机能不等于心爱之人，这个非人格定律也不会是我们的神，不会是世间所有父亲之父、所有母亲之母，我们更不能对这个定律说：

借由礼敬、了解的渴望，以及事奉来实践祂。

这句话只适用于神，祂同时是神也是人；如果这样的信仰被批判为神人格化（anthropomorphic），那么人之为人也要被批判，把心爱之人视为一个人而不是科学原理来爱也应该被批判。我们对于人的认知，永远是基于理解与感受，不可能超过这个范畴。正如一位孟加拉托钵歌者所言：

我们的世界正是我们理解的那样；思想与存在是并存的。如果人类归零，一切也将随着意识的归零而消失；当意识恢复，你也会知道现实的意义。

按照这名歌者所言，我们口中的自然不是哲学的抽象概念，不是宇宙，而是依着人所见所感，名为自然的现实。事实上，人会在自己身上感受到自然，也就是说，自然与心灵是相连的，所以人才会在自然当中看到自己。如果人不与自然联结，就不会有完整的存在感，人便会感到有缺憾。人的文学艺术创作从未停歇地表现出人与世界密切的共享关系。看看吠陀诗人是如何歌颂太阳的：

你滋养了大地，噢太阳，那些单独行走的，就撤回你的光芒。你的绝美在我面前显现，让我明白，在彼方的那一位也是我。

拥有无拘无束的人格意识，我们才看得清存在于所有人心中的“人”。科学的最高目标是发现人类认知下的宇宙，并发掘广达时空边际，足以容纳全世界的人类精神疆域。

最早来到印度的雅利安人崇拜雨神、风神、火神和自然力量，这些神祇没有特定的形象，后来演变成个别神祇没有专属的法力，但是拥有一个无限的力量来源，名为婆罗门（Brahma）。

宇宙神学接着又发展出非人格概念；有形体的转成形而上的抽象概念，如同现代科学界，物质被数学取代的趋势一样。就婆罗门而言，印度人认为不论如何分析，婆罗门既不能以智性领会，也无法用言语来形容。

不管这个说法多么完美，如果作为一个原则，涉及所有非人性现象，却又超出人类的理解范围，会使人陷入无地自处的空虚。不能否认的是，我们永远无法由内理解世间万物，只能从眼前所见的样貌来认知。事实上，我们对自己的认知，还是受到现有知识条件的限制。宗教追求人类存在的最高价值，这是人可以由内在直接感知的唯一真理。有人这么说：

> 没有什么比人更伟大；他是至尊，他是终极目标。

东孟加拉一位乡村诗人在歌词里宣扬他的哲学观，他认为宇宙的存在与人密不可分，我翻译如下：

> 天空与大地自我眼中诞生；所有坚硬的、柔软的，冰冷的、炙热的，皆出自我身；香味与臭味是我的鼻孔所有。

下面这首诗则提到出现在诗人眼前的永恒之人。跟吠陀赞美诗的作曲者提到的“那个人”一样，永恒之人既从他的心中来，也在太阳的中心：

我看过这景象，
这自显的景象现出我的模样，
从我而出。

印度有一群人积极推动使人性自我彻底融入一个不具备任何特性或定义的非人实体中，让心智进入全然空白、全无心智活动的状态。他们主张这是意识最纯净的状态，除了感受喜乐，没有其他目的或企图。这被视为瑜伽的最高境界。瑜伽是崇尚合一的教派，将人的存在与超乎思想语言的无限存在视为一体。这个伴随着极乐感的先验意识是印度由来已久且备受尊重的传统，也有确切的证据支持，不可能被任何反面论证推翻。这点我并不否定，但我想强调的是，即便瑜伽作为一种伟大的心理经验而有其价值，它也不能算是宗教。就好像知道原子的终极状态，却帮不上画家的忙，因为画家处理的是原子构成的事物的形象。当然，我们需要留一些空间来研究事物的原始纯净状态，人类性灵恐怕也需要，只是原始状态与理想状态不必然是同一件事。有具体形态的事物比起只有原子，在表现上更为理想；同理，人跟消失于原始混沌状态的人相比，前者还是更理想。这就是为什么伊索帕尼夏（Ishopanishat）说：“真理是有限也是无限，它不动也动，它很远也很近，它既存在也不存在。”

这意思是说，完美是个理想，它不会改变，但从实际面来看，它不断地朝圆满的终极目标发展，所以它是动态的。我谈到的至高无上之人，本质上无限，但表现在每个人身上就是有限的。正如伊索帕尼夏所言，人必过完他的人生，工作必不能贪婪，最后是在至高存在当中实现自我。他指的是人必须以其人格来彰显至高无上之人，而唯一的途径乃是无私的行为。

八　音乐创作者

The Music Maker

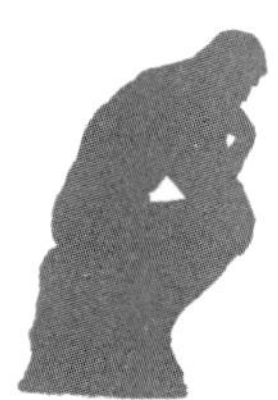

一粒沙，如果没有整个物质世界当它的舞台，它就什么也不是。在我们透过感官认知万物的世界里，这粒沙才称之为沙。我说它是沙的时候，整个物质世界皆会为这一粒沙显露的真理背书。

沙粒提供其身份证明给具有不可思议的理解能力的人，但又有谁来保证我们的人性是真实不虚的呢？我们应该承认，个人自我也要摆在人性的脉络里才能衬托出它的真实性，而这项认知跟对其他事物的认知不同，一定是直接且自证的。

我所谓的人性，指的是人类自我察觉到的先验的合一原则，透过知识、感觉、期待、意志与行动，理解专属于个体事实的种种细节。从消极面观之，这仅能用来解释独立的个体；从积极面来看，随着知识、爱和行动的增长，人性有无限发展的可能性。

由此，所有关于我们的事实中，最人性的一点莫过于对无限的向往——无限虽然尚未到达，但因为有梦想，那些已经得到实践的也产生了意义。在所有生物当中，只有人能体现无尽的未来，当下只是未来的一部分。所有还没出现的思想，以及还没有形体的灵性，都不断冲击着我们的想象，直到它们在我们的脑海中变得比周遭其他事物更真实。未来的样貌必定时时伴随着此刻，才能承载生命，迈向永生。

人道精神强烈的人，生来都有一股坚定不移的信念，他的心中没有界限。这就是为什么伟大的导师总是千古流芳，因为他们达到了永恒，彰显他们对至高无上者的最高敬意。真正敬拜神的表现，在于是否能为了崇高的目标，以不屈不挠的勇气奋斗，展现人性光辉，使通往永恒的自由之路时时保持通畅。

我们印度人在自家土地上的悲伤故事，就是食古不化的传统千百年来对人性不理性的压抑，使过去的偶像崇拜直至今日仍然阻碍了人的发展。盲目崇拜是发展停滞的主因，它把人类的灵魂绑在惯性的转轮上，直到人失去所有的力量为止。就像溪水的流动被腐烂的野草所阻塞，沦为污秽泥泞的水洼一样，人们也陷在麻木不仁的愚蠢当中。机械式的传统教条在本质上就是唯物主义，盲目的虔诚跟灵性完全无关，性格柔弱的人受到不理性的幻觉所惑，受困于宗教的恐怖表象。当我们容许荒谬之事一而再、再而三地在生命各个面向上演，最后形成重重罗网，那么我们的灵魂终会萎缩；当我们缺乏远大的目标、不期待生命的提升、不追求神智的清明，无法坚定捍卫并实践目标，那么灵魂也必定失去健全成长的土壤；当我们为了昙花一现的感官享受而不顾一切纵情肉欲，永恒的光明会化为灰烬，灵魂也将随之灰飞烟灭。自废武功而放弃承担的责任，或追求骇人的虚幻，不只是发生在一般人身上，也会感染到日后更多对人生没有期待也不看重自己的世代，白白错失了未来。

不间断的未来建构成千万年，把时间轴拉长来看，会比我们透过现在的片段检视自己的经验更加真实。未来存在于我们的梦想里，存在于创造圆满美好的信仰里。我们见证了人类千年来梦想的轨迹，无数被遗忘的民族用赞美、希望与爱来拥抱理想世界的历程，都表现在他们宏观的抱负与美好的成就当中。这些民族在历史洪流中更迭，成就足以令后世仰望的伟业，与其将他们定位为征服者，不如视为梦想家、极乐世界的设计师。在诗人的笔下，他们是这样的人：

我们是音乐创作者，
我们是梦想创造家。

◎

宗教为我们带来完美一致的梦想，这梦想是人的无限性。当人与世界的合一感因为强烈情绪的撕裂而造成缺口，造成“个人我”和“世界我”的分离，便会出现罪恶感而痛苦，那是种不一致的感觉。

《奥义书》说：“勿贪求。”贪婪会把我们的注意力从无限的人性价值转到物质的诱惑上面。有位乡村诗人就这么唱：“人会鲜明地跃入你的视线，我的心，如果你愿紧闭欲望之门。”

我们都知道，远古尚未开化的人只关心生理需求的满足，只活在当下，时间决定了他的生活范围，跟其他动物并无两样；他尚未意识到内心那股寻求解脱，渴望进入永恒人性世界的念头。

现代文明似乎也因为同样的理由而退回到这种原始的心态。我们的需求骤增到让我们没有余力实践自我，以及存在自我当中的信仰。这代表我们的宗教已经消失，人不再渴望靠近人的神性、极乐之境的建筑师、音乐的创作者、梦想的创造家。这样的心态让我们随随便便就放弃对完美与完整人类典型的向往，忘记现实还有比物质更加丰富的内涵。音乐有一面是可以被分析和计量的，就这点来说，它跟驴叫声或汽车喇叭声有共同点。但音乐更美好的另一面，在于它无法被一一地分析，这是粗鲁无文的汽车喇叭声永远无法比拟的。

这个时代的人们在研究人的心智、梦境和精神向往时，发现人经常处于神智错乱、疾病与怪异梦境的身心耗竭状态。研究人员得到令他们满意的分析成果，指出这些经验充满着纠结不清的原始兽性。这也许是重大发现，但更重要的还是去了解另一层真相：人类是创造的奇迹，他可以不断超越他本身的性格组成。

如果某个心理学家认为我们对爱人的强烈感情，根本上是出于垂涎肉体的原始渴望，其实不管是不是天生如此，我们都无须争辩，因为爱的神秘特质与身心在理想的状态下是相互交融的，跟同类相残的理论完全不能类比。退一步说，倘若质变真的存在，那么应该是我们的宗教发挥了作用。莲花跟腐肉的共同之处是碳与氢原子，也就是构成有机体的基本元素。在生物分解的状态中，两者没有差异；但就创造物的身份来说，两者之间的差距难以度量，这才是重点。有人认为，某些人类最伟大的情操当中，隐含着一些性质完全相反的本能。把这件事揭露出来会让一些人感到如释重负，甚至从不停歇的生命奋战当中得到一点安慰。

现代文学作品提到，从幻觉中幡然醒悟的笑声具有感染力，以及热衷于打破传统礼教的侠义之士烧光存在已久的祭坛，指出神坛上受人敬拜的偶像虽美，实际上只是尘土。他们发现人道理想主义带给世人的表象是虚幻不实的，只有表象之下的尘土才是真的。从这个观点看来，整个宇宙可能沦为一场大骗局，数十亿以“你”或“我”相称的表象背后，那些旋转电子微粒也该背上诈骗的骂名。

然而，电子微粒打算蒙骗谁？如果是像我们这种天生具备某些真实条件的人，则即便是外在的表象也必须依现状如实呈现，而不只是电子微粒这些构成元素。玫瑰作为一个实体会比组成它的气体更使人安心，因为气体可能受到其他因素影响而使玫瑰的真实性受到误解。不管是玫瑰或人类美德和美丽的典型，都属于创造物的范畴，所有难以控制的元素在这里都会和解，达到完美的和谐。这些元素在最单纯的状态下任凭我们检视，而我们基于创造物的尊严，提供它们最好的奖赏，那就是在神秘剧（玫瑰）当中帮它们安插一角。然而，这样的分析充其量只是证明我们具有侦探般的聪明才智。

我再重申一次，人在自我创造的过程中所建立的情感与理想典型，都应该摆在整体的脉络中来看。我们的才能或情感没有绝对的好与坏，全都是构成伟大人性的要素。只能说，如果出现在不对的地方，那就不是好的；教育的目标是把这些要素组成顺耳的和弦，以配合人类创作的伟大曲调。未开化的野蛮人变成层次更高的文明人，与神圣之人产生更真实的共鸣，倒不是因为某些原始特质被移除，而是将这些特质透过神奇的分类、艺术的精心陶冶、适时适地的控制与压力训练，以及人类活动舞台前后的明暗调节等等，才形塑出独特的人性整体价值。

只要追随这项价值，我们的能量便能在彰显永生者的创造性活动中稳定地延续。在文学、艺术、传奇、符号、仪式，以及用生命亲自实践的英雄的助力下，这份信念得到了强化。

我们的宗教就是领会这些努力、表现和梦想的内在准则，使得依神的形象而生的人们有亲近神的途径。文明的功能在于支撑理想典型确实存在的信念，因为文明正是展现这份理想典型的各种情感与形象所编织而成的。换句话说，文明是一种艺术创造，为了实践我们追求灵性圆满大愿的具体产物，它也是宗教艺术的产物。可是，当我们拥抱现实主义，忘记现实主义内含的真实成分最低，文明便不再前进，因为现实主义是最糟糕的虚假。这就好比有人主张去停尸间才能了解人体确实存在一样，殊不知身体的完美展现要花一辈子的时间才看得清。所有伟大的人类事实都是被高度期待的。如果我们忽略不看这些东西原本是什么样貌、应该呈现什么样貌、有哪些尚未证明但已经被明显感受到，以及是否仍在通往永恒的道路上等等，那么这些事实都不算完整。这有赖于每一个个体的盈溢，跳脱杂乱无章的个人事件，以整体的眼光审视之。

人的现实性正是人的动物性，动物只在时间允许的范畴内活动；人的人性是他的真实，有不间断的时空作为他生存的背景。石头与水晶绝对是完整的，它们无声亦无生，只在有限的现实性当中维持沉默的尊严；而当人类失去创造性理想，失去神圣之人的理想，那么人类事实便会慢慢沉寂。把音符视为声音的纪实，或者把音乐视为真理的传达，两者的差异非常大。音乐用数量有限的音符传达出无限。人们利用心中的音符创作有灵魂的音乐，但如果不用心或甘于堕落，那么脑海中的音符将变成令人心神不宁的魔音。人的启发来自乐音，而非噪音。

九　大艺术家

The Artist

生命的根本欲望是存在的欲望。在欲望的驱使下，我们累积大量维系生计所需的训练和经验。我吃的食物、穿的衣服，还有住的房子，都依赖了不起的知识、实践和组织才会出现并供我享用；这些能力或技巧我都不可能具备，而我之所以坦然承认，是因为这些不足不会害我被别人瞧不起。读我作品的人似乎颇喜欢我继续当个诗人或哲学家，特别是后者，这个头衔是来自大家的错爱，我不会也不敢如此自称。

纵然我有诸多不足，但我在人类社会中还是代表某一种溢美的职业。其实我是受到道德与物质诱因的鼓励才投入文学创作的。如果一只愚蠢的画眉鸟成天光唱歌，不懂得觅食、筑巢或避开天敌，那么它的同伴将会尽责地让它活活饿死。我没有得到这种对待，便证明了人类的文明迥异于动物的存在。人与动物之所以不同，在于人的发展空间没有尽头，能尽情地在这无边无际的舞台上做梦与创造。徜徉于自由空间的人会感受到人性的尊严与真实，听到诗人歌咏胜利时会感到喜悦，也继续探索与创造，为自己找寻尽善尽美的境界。

真实，不论从哪个面向来看，都是从人的情感和想象出发。真实不是靠我们想出来的，而是靠直接的感觉。也因此，即使它与我们的逻辑思维冲突，也不会被我们舍弃。若把真实视为一起事件，它可能有益或有害；若将之视为启示，那么它的意义在于借由情感或想象让人亲身体验；我们在这独特的视野中察觉自己。这份感觉如果不会带来严重的身体或道德风险，那么它会使人愉快；换句话说，如果感觉跟实际生活的后果脱钩，那么即使是恐惧或悲伤也不会让我们想躲开。这就是我们喜爱悲剧的理由，因为剧情带来的伤痛会激发出强烈的意识感。

自我的现实存在，对我来说是最直接也最确切的体认。对我产生影响的其他事物，对我来说也同样真实，不但吸引我的注意力，与我情感交融，也让我更加富有并充满愉悦。我的朋友不必长相美丽、对我有帮忙、家财万贯或多么厉害，朋友于我就是实实在在的；在朋友身上我得到的是感觉的延伸与欢喜。

内在真实感也需要寻求外在真实的确认，否则内在会出现消极的情绪。当周遭的环境单调无味、乏善可陈，激不起心智的情绪反应，最后对自己的感觉也就迟钝了、模糊了。我们就跟图画一样，要有和谐的背景来衬托才能显出它的真。单独监禁这种处罚之所以使人痛苦，是因为它中止了真实世界与真实之我的联结，使得我们自身的真实被停滞的想象困住，让我们产生疑惑，看不清自己：我们的人格变得模糊，自我的萎缩甚至使我们也丧失了存在感。我们的知识世界得借着信息的递增而扩大；我们的人性世界会透过感同身受和想象力，随着自我经验的增加而同步成长。

我们虽然透过知识来认识世界，但所知有限，因此世界对我们来说也是有限的；相同的，我们借由个人我来了解人性世界，但这个世界也因为我们有限度的同情心和想象力，而有其局限。处在感觉迟钝的昏暗中，我们大半的世界将如同一列寂寥的游牧人身影。人的意识在不同的阶段，或多或少都跟世界打成一片，即使不是全部，也有部分；人生的喜悦也在于人与世界形成的一体感。我们用艺术创作传达出合一的欣喜之情，使得这个世界在我们心目中产生了人文价值。我们具备物理我、化学我和生物我这些性质；知识的提升也让我更加了解物理、化学与生物世界。个人我则跟感觉、情绪和想象交流，从而受到欲望和表象所影响。

◎

科学着重用脑袋探索浩瀚的可知世界；心灵导师希望我们用灵魂来了解变动世界深处的永恒灵魂；我们的艺术本能则催促我

们将人性的样貌呈现于表象世界中，那是与人类的内在真实和谐共存的现实。人如果体会不到这份深刻的和谐感，会觉得身处异乡，时时渴望回家。人类天生就是艺术家，永远不可能被动并精准地接受周遭事物的表现，而是不断修正，带着情感与想象的笔触，把事实化为属于人类的意象。动物认识自己的出生地，而人的国度是个人的地理学，不只是肉眼看得到的景象，而是具备独特艺术整体性的永恒创造。在人的国度里，他的意识是自由的，也善用自身的创造力持续扩张与外界的联结。为了过有效率的生活，人必须知道事实与运作法则。为了得到快乐，人必须跟万物建立和谐的关系。关系的改善便是我们创造的成果。

被后世怀念的历史伟人并不是静态的存在事实，而是一些鲜明的历史画面。他们留下的重大启示已经成为世代歌颂的传奇故事。听这些伟人故事长大的我们，不断在脑海中修正他们的形象，让他们在我们心目中比原型更加鲜活、更具现实感。男人理想中的女性气质，女人理想中的男子气概，都是依据我们的期待和欲望，把不同个性和行为做了分类以后所创造出来的意象。而男男女女都会下意识或有意识地努力符合这些条件。事实上，每个人以理想典型为目标的修正能力不尽相同，但为了彼此还是会努力符合某种程度的现实。要说这些标准是想象出来的，所以不是真的，也不正确。真实的人生就存在于人创造的作品中，它代表人的无限。人生来就不太关心只有形体存在的东西，只有当这些东西对人具有某种理想上的价值，人的意识才会承认这些东西的真实性。与世界隔绝的人永远不真；所谓人的想象力，就是把更伟大的自我存在感带往心智的能力。

我们有能力让真理属于自己，方法是积极调整真理的相互作用。这得靠艺术来帮忙。现实的基础不在于事物的本体，而在关系法则。真理是形而上学追求的无限；事实是科学追求的无限，而现实则界定了无限，再把真理传达给人类。所以现实具有人性，是我们觉察到的存在，既影响我们，也是我们表达出来的成果。当我们强烈地意识到它，就会意识到自己并感到愉快。我们活在现实里，同时继续把它的疆界向外延伸。艺术与文学代表了人类最基本的创作活动。

创作的吊诡之处在于大家虽然各自表述，但艺术家的成功从来不是个人主义式的。人类的所有创作都是要找出、感受并且表现永生之人，也就是造物主。因此所有的文明都不断地挖掘先验的人性。文明的毁灭等于艺术家的失败，也就是艺术表现不及格；个人若阻碍了启示，那么文明也将随之灭亡。现实即为至高无上者的真理，属于所有时代，任何悖离至高无上者的个人主义式狂热都难以长久。

人最不希望看到真实感消失，所以急于为这种感觉找出永存不朽的形式。这种自我觉察对我来说，明显到近乎具有不朽的性质，所以我无法想象它会不存在。同样的，所有我认为真实的一切皆为不朽，值得以永恒的语言来加以表述。有些人会在具有纪念价值的雄伟建筑上刻下自己的名字，用这种方式硬把自己的名字和属于所有时代与人类全体的艺术品扯上关系，实在可悲。我们之所以追求名声，是渴望把内心的真实也变成客观的现实。不擅表达的人给别人的感觉总是无足轻重，就像光芒被隐藏的星星无法证明自己的存在。因此，这样的人期待能够赋予他完整价值的艺术家的到来，倒不是为了呈现特别伟大的长处，而是呈现他身上确实具备人类存在的永恒奥秘这份美好的事实。

我造访北京的某日，陪我在路上逛街的中国友人突然高喊："你看那儿有只驴子！"当然，那是一只再普通不过的驴子，一看就知道，不需要特别解释。这起小插曲当下让我觉得好笑，但也引发我思考。这只动物具备了某些我们归类过的属性，这些属性对我来说并无可取之处，所以随即就将之逐出脑海。这只驴子一开始被一些司空见惯的联想所掩盖，又因为我的慢知慢觉，对它几乎视而不见。但这位具备艺术气息的友人并没有把驴子视为廉价的知识，而是用新鲜的眼光来看它，并且承认它存在的真实性。我说的"真实性"，指的是友人对驴子的感知并没有被排挤到定义狭隘的边缘意识区，而是迅速融入他的想象，再形成一幅具有和谐的线条、色彩、生命与动作的景象，最后成为他自己的一部分。在一般情况下，人们绝不会允许驴子进到客厅，但如果帮它在图画里找个适当的位置，再挂在客厅的墙上，不但没有人会反对，反而会得到赞赏。

当我们与艺术面对面，情不自禁地说出"我明白了"这句话时，就是真理隐身艺术的唯一证据。我们可能会错过在大自然里游荡的驴子，却绝不会轻忽艺术作品中的驴子，即使那只动物做了不是驴子天生该做的事，或头长得像香菇，尾巴像棕榈叶。

《奥义书》上有一则寓言说，树梢停着两只鸟，一只在吃东西，另一只在观望。这个情景象征着无限存在和有限自我的关系。观望的鸟儿的喜悦是美好的，因为那是一份纯净而自由的喜悦。这两只鸟同时活在人的内心，客体的那只忙着生活大小事，主体那只则享受眼前平静的景象。

有个小女孩来找我，要我讲故事给她听。我说了老虎的故事：一只老虎因为讨厌身上的黑斑纹，就跑来我家，胁迫吓得半死的仆人给它一块肥皂把黑斑纹洗掉。小朋友听了乐不可支，就像真的目睹那个景象般兴奋，心中像是喊着："老虎就在那儿，我看到了！"她知道自然课本里的老虎，但她也能看到我故事中的老虎。

我很确定，即使是五岁小孩也知道老虎不可能去做抢肥皂这般荒谬、这么不像老虎做的事。老虎带给她的乐趣并不在于外形美丑、用处或其他可能的结果；她的快乐来自脑海中的确看见老虎的事实，而且清晰的程度甚至高于她身旁只是点缀的墙壁。故事里的老虎是当然的主角，形象完整，这就是让它变得真实的证明。而听众的心就是目击者，他的直接经验不容挑战。老虎一定要有老虎的样子，才能出现在自然课本里，因此课本里的老虎必定是平凡的老虎。然而，活在故事里的老虎不再平凡，你甚至找不到第二只跟它一样的。一个个体因为属于某个类别，所以我们知道那是什么；一个个体因为属于它自己，所以我们才会看到它。故事里的老虎完全脱离其他同类的影子，所以轻易地在听众内心形成独特的个别性。小女孩因为想象力丰富才能清楚地看到老虎，所以老虎的形象属于她，与她共存，主客体的结合最终带来喜悦。不过这是因为真理当中不存在分别吗？或者，这种分别是魔法，是创作吗？

历史上有几个时点，一群人受到启发，突然间领会到超乎日常生活琐碎的真实。世界变得朝气蓬勃；我们看到了，也用全副心神感受新气象。其中一次是佛陀的法音穿越有形和无形的障碍，抵达遥远的彼岸。我们的生命，还有我们的世界，在心中人物赋予我们爱的力量之时，找到它们存在的意义。人们为了让这美好的经验永志不忘，决定挑战不可能任务：他们让大岩石说话，让小石头歌唱，让洞穴留下记忆；他们喜悦与希望的呼喊回荡在山丘与沙漠，越过不毛之地和熙攘的城市，以永恒不灭的形式存在着。人们投入大量创意，克服重重阻碍与困难，造就震撼无比的雕刻作品。出现在大半个东方大陆的壮举清楚地回答了“艺术是什么？”这个问题。那就是人的创造心灵回应真理的呼唤。

◎

在数百年前的孟加拉，一出经久不衰，以人类灵魂为舞台的超凡爱情剧隆重上演，拉开序幕者散发出大彻大悟的气息。所有人见到世界化为乐器，以乐声发出极乐大会的邀请函，无不心动神摇。神充满爱的呼唤有着说不出的神秘感，在变化万千的全景中以无数的色彩和形态现身，激起的音乐创作风潮冲破传统的桎梏。那就是我们孟加拉的曼陀音乐（Kirtan），它的出现就像一颗从所有人心中炽烈的情感汇集后升华的耀眼明星，使人们的意识伴随着难以忽视的现实感而变得更加强烈。

有人可能会问，既然艺术能唤醒我们心中深刻而丰富的现实感，那么音乐在我这个立论中扮演什么角色？音乐是最抽象的一种艺术形式，如同数学在科学领域中的地位。事实上，两者的关系很深。数学是数字与尺度的逻辑法则，所以它是科学知识的基础。当数学庞杂的部分被抽离，简化成符号的时候，它会显露出令人惊叹的结构，完美的和谐性正是数学的必然。但除了逻辑，数学在这表象世界里还具备另一种神奇的力量，那就是创造和谐——具有关联的节奏。和谐的律动其实是从平常的脉络间抽取而出，以声音作为媒介来表现。也因此，最精致纯粹的存在表现就是透过音乐。以声音为形式的表现，因为没有事实或思想上的负担，受到的阻力最小。这个优势使音乐能够引起听众对现实的亲密感。在绘画、雕塑和文学这类艺术领域中，创作品和人的感觉紧密相依，就像玫瑰花和花香一样。而在音乐世界里，感觉在声音中得到净化，最后成为独立的个体，它取得了旋律和难以分析的意涵，用纯粹的真实感紧紧抓住我们的心。

数学的奥妙之处在于它的节奏，那是万物的核心，驱动原子运行的力量，透过不同的方式造就了金与铅、玫瑰与刺、太阳与各星球。这些都是时间与空间里的数字变化交织而成的虚幻，不管是现象的形态或不断发生的改变，始终在是与不是之间变动。节奏会使原本模糊的轮廓浮现，使难以捉摸之事渐趋明朗。这是创作的艺术、文学的艺术，也是节奏的魔力。

那么，我们该就此打住吗？我们认为的知识真理，难道不是基于事实关系的律动，先构成理论架构，接着再创造令人信服的概念，使人以为自己通晓了真理？我们相信某事为真，是因为它具有和谐感，有理性的节奏，过程可以用数学逻辑来分析；但它对我造成的影响是分析不出来的，就像我们可以计算音符却不能解释音乐一样。让我信服的是那层神秘力量，也是创造的魔力，它的要素就是我所表现出来的自我觉察的性格。

那么另一位呢？我相信他也具有自我觉察的性格，与人性始终和谐。

十　人的天性

Man's Nature

自从人真正意识到“自我”以后，他便开始在所属的社群中察觉到不可思议的群体感。那是人与人之间相当微妙的关系媒介，不是为了功利而存在，而是为了终极真理；那不是计算出来的总和，而是一种生命价值。人出于某种原因，感受到这份无所不在的共同体精神中还隐含着神性，它会让人牺牲专属于自己的一切，让人体会到有限的自我之外还存在着更崇高的意义，那就是最珍贵的自由。

人以宗教信仰来表现他对这份整体性的恭敬虔诚之意；神祇的名号就是一种宗教象征。这就是为什么最先被人崇拜的神祇都是部落神，包括同个部落内不同群聚的神祇。随着人类共同体的意识逐渐扩大，神对人的意义是独一无二、普世皆然的，这点证明了人类整体的真理等同于他们敬拜之神的真理。

宗教在梵文中称之为达摩（dharma），延伸的意涵指的是把人们牢牢凝聚在一起的关系准则；字面上的意义则为事物的属性，也就是它具备的基本性质；以火来说，热便是火的基本性质，即使在燃烧的某个阶段可能没有热度。

宗教有赖于人们信奉永生之人，并努力地陶冶、展现永生之人具备的品性。如果这些美德是人与生俱来的天性，那么宗教就没有存在的意义。人类的生命史，一开始是听命于原始的生物性来满足基本生理需求。但人的内心深处流动着一种与之对立的意向，那是普世人性的生命潮流。宗教扮演的角色就是调和兽性和人类真理之间的冲突，使前者臣服于后者。即使我们对永生之人有不同的称呼，对其样貌有各种想象，只要我们坚定信仰，宗教的力量会更强。人类这两种天性的冲突强烈到有人为了彰显至高无上者的真理，会毅然舍弃生命所需，选择死亡。

至高无上者的样貌是我们凭想象而体会，不是靠头脑创造出来的。祂比任何个别的人来得更真实，而祂影响力强大的先验性格超越我们每一个人。祂的思想如列车般，追随着伟大的目标，一一通过现实的障碍，驶向已臻完美的真实。我们这些单独的个体作为他的一部分，也许会自觉地同他追随一致的目标，也许不会，甚至蓄意阻挠，为自己带来毁灭。当我们有意识地与他合作，获得真正的宗教，在受苦与牺牲的过程中会找到更大的喜乐。借由我们对他的爱，我们便能感知到那份由他——至圣者，至高无上的圣灵——所散发出来的大爱。

中国伟大的哲人老子说：“死而不亡者寿。”指的是有德者的生命不朽。生命存在一股动力，催促人们努力奋斗以求得真正的存续。我们的经典也这么写着：“不信达摩之人会飞黄腾达，得到他想要的，征服想征服的敌人，但他的根本在腐烂。”这句话指出人的精神生命比物质生命更为实在，更有价值。

我们的人生在知识、悲悯、行为、性格和创造性事物等这些足以展现永恒人性的面向上，获得所谓的“价值”。人类从一开始就不计代价地追寻生命的价值，不只是成功而已；换句话说，我们一直在努力达到永生，让自己死而不亡。这也是《奥义书》上提到的：“成为那个人，你便不会受死亡之苦。”

从字面上来看，这些话语似是而非，用理性来看似乎难以令人信服。然而，人们却深受其影响，愿意抛弃所有的恐惧与贪念，抗拒自己的生物本能，只为认同和护持永生之人的生命价值。最可贵的，莫过于有许多人甚且还不相信永生之人存在的现实，却也心甘情愿抛开他们认为是最终也是唯一确实之事。

我们把这个美好的现实称之为灵性。虽然是个模糊用语，但可以描绘出那一道穿透现实障碍照向我们的黯淡光芒，使我们对灵性人（spiritual Man）的信念超越有形体之人。人类从最黯淡的时代学到的事，就是既存事实即便再明显，也并非定局；人最大的幸福要看他是否能与面纱背后的神秘伟大人物维持最理想的关系，从而跨进更宏大的生命境界，拥有一个比待在物质世界延续物理生命更可贵的价值。

我们的肉体在物质世界中是完整的实体，也许真的能称为普世人身，没有它，个别人身将会丧失功能。我们的有形生命在与物质世界互动的过程中得到更宽广的自由，从而更能理解自身的意义，得到的快乐也大于物欲的满足。当我们对某些理想性观点有所体会，开始意识到自我承载的意义，此时某种美好或壮丽的真实会让我们感受到内在的完整性，那是升华后的自我真实感。

尽管还是带着些许不确定，人的信仰会得到巩固，继续用完美的理想来理解人类世界的信仰。信仰的样貌随着人类理解程度的不同，可能是美丽的或扭曲的，明亮的或黯淡的。但不论宗教信条的名相或内涵如何，人心中的理想人类典型都是奠基于一种合一的联结，贯穿个人追求代表永恒人性的至高无上者的过程。这个想法完整表达在人类文明中，因此所创造出来的资产就是为了彰显人类的真理，而非炫耀生命成就的事实。然而，创造性的理想（宗教）若在群众间形成某种压倒性的情绪，那么文明会出现爆炸式的迸裂，如同星星点燃使自己灿烂夺目的火柴堆一般。

◎

小的时候，大人会让我用一些小东西做自己的玩具，或发挥想象力设计游戏。我最高兴的是把它们全部拿出来和玩伴们一起分享，游戏一定要大家都加入才好玩。有一天，属于成人市场的诱惑竟渗透到我们这群孩子的乐园。有个小朋友收到从英国买回来的礼物，棒极了，又大又真。于是乎，高级玩具的主人露出不可一世的神情，不太想跟我们玩游戏，只是小心翼翼地守着他的高级玩具不让任何人碰触。由于我们的玩具简陋，显得他的优越感更强了。我确信，如果他会使用现代的语言，他一定会炫耀着那个可笑的玩具，宣称他比我们更文明。

自觉高人一等的他，在骄傲之余却没有了解到这个诱惑掩盖了一件比他的玩具更重要的事实，也就是住在每个人心中那个纯净无瑕的小孩，或者可以说是孩子内在的达摩。玩具只是告诉别人他家里有钱，却不会彰显他这个人，没有展现一个孩子的创造力、孩子之间慷慨共享玩具的喜悦，或者是他与玩伴之间的认同感。文明就是要体现人类的达摩，而不仅仅是一个人的聪明、势力或资产。

有一回，我开车从一个很远的地方去加尔各答，两地相距数百哩。但是车子出了点问题，几乎每开半小时就得停下来加水。停在第一个村子的时候，我们请一位村民帮忙找水，他费了好大的劲才弄到水，可是当我们准备付给他报酬的时候，尽管他是穷人，却婉拒了。接下来我们又停了十五个村子，都遇到相同的回应。在这么一个炎热的国家，在外头行走的人们时常需要喝水补充水分，特别是在水源匮乏的夏天，所以各地的村民们都觉得有义务把水送给有需要的人。其实根据铁一般的供需法则，他们可以轻易地赚上一笔。只是他们秉持的达摩已经跟他们的生命合而为一，他们不会为了个人利益而把水据为己有，不愿意分享。

老子口中的有道之人，是“生而不有，为而不持，功成而弗居。夫唯弗居，是以不去”的人。身外之物我们可以贩卖，但与我们生命共存的，就不能买卖。真理的完全内化只存在于极善之境，也在自我意识的磨难之外，只能靠文明的长久孕育才能达此境地。

送水给陌生过客，首先就要费一番力气，其次是不居功、不收费，如果跟那种每秒大量制造的工业产能相比，这种单纯似乎过于荒唐，不值得一提。假如是一名财力足以垄断食品市场，靠着使大量人口买不起食物而赚取暴利的巨贾观光客，当他以每小时六十哩的速度行经这些村落时，一定傲慢到看不见这等朴实的小事。

没错，这是一件单纯的小事，就像要求一名绅士做出绅士举动那么单纯；只是，这种单纯需要数百年的文化熏陶才淬炼得出来，而且不容易学得来。几年之后，我们可能会看到有人发明新机器，只要开启转轮便能轻松地在数万根缝衣针上打出针眼；但是要抱持简单的真心对待敌人或陌生人，则需要好几个世代的培养才做得到。单纯的人不会计算价值，不会要求薪水报酬，简单的表现是文明的最高境界，因此醉心权力的人是无法理解的。

长久的文化熏陶下结出的生命果实难能可贵，但只要衰败的过程一开始，果实便腐败了，就像绝美的稀有鸟类，当庸俗的人们出于私欲拿出文明武器加以捕杀，也只能走上绝种的命运。这个事实清楚地摆在我的面前。这段沿路加水的旅程中，唯一期待我拿钱来换水的地方是在加尔各答市郊。那里的人比较有钱，水源的供给比较容易，水资源也较多，各方面都在建设。这显示人们不再看重普天下一家的内在精神，而是转向个人需求的内在生物性。后者在计算利润之时，便丧失对美与宽容的感受，只看到自己，看不到举世与他皆同的人。

《阿闼婆吠陀经》提了一个大疑问：是谁把音乐送给人类？鸟儿能做的，只是重复相同的单音或是非常简单的音符组合，只有人类创造了音乐世界，为音符与节奏带来崭新的关系。这些音符揭开了难以言喻的创造之谜，带给人们内在的旋律，将事实转化为真实。音乐带给人听觉与深层存在的欢愉，使人产生完美合一的满足感。有人会觉得，真实在音乐呈现的圆满当中找到了主体性；人们在追寻自我的最佳展现时，会找一个与自己和谐共鸣并融为一体的媒介，而音乐就符合这个条件。渴望体现普世之人的念头，是促使人们投入艺术与文学的原动力。文学与艺术透过线条、色彩、律动、词汇、思想等不同的形式传达出来的内涵，远远超过它们表面上的呈现，为我们开启了一扇窗，眺望人的不朽真实。不管我们来自哪个国家或哪个时代，文学艺术是我们共同传承的奢侈品，因为所有创作的灵感皆来自普世之心。此外，每个创作者不管在创作或个人行为上面，都必须用他最大的天赋遵循一个典范，那就是展现真实，最好是普世皆然的真实价值。换句话说，人应该创作足以反映他的行为和环境的音乐，使至高无上的人性在他的身上体现。文明就是透过这个历程形成的创作，也是宇宙之人的表现。

◎

我在日本旅行时，有机会观察人类社会中互相抵触的两面；一面是用社会典范、审美观、个人行为准则堆积而成的古大陆；另一面则是流动的元素，把财富从世界各地源源不断地带往此地的潮流。日本用半个世纪的时间造就出的大无畏前进精神，在某日的早晨挟带着傲慢与威吓的风暴乍然现身。而中国的自尊在那些年被无情碾碎之后也发奋图强，我相信不久以后定能从跌倒之处东山再起。不过，那些为日本文化注入活力与形体的理念，是经过不知多少世代的有志之士一心一意培育而成，这些人不是汲汲营营之人，他们拥有大量余暇，因此才能耐心孕育生命的美学与成熟智慧。

我们一方面看到日本先进的工厂里数不清的、最新型的机器设备与毁灭武器；另一方面，我们也看到与那些东西同时存在的一些易碎花瓶、小丝巾、庄严简洁的建筑物，以及如诗般的身体动作；还有日本人平常生活中的有礼表现，都是费心费时才做得出来的言行举止。这些不一定全都来自对事物的正确知识，而是出于对现实的价值所产生的强烈感受。日本人展现在电缆线、铁道、制造工具和杀人机器上面的娴熟技巧，多少跟其他有类似发展机会的国家的景象雷同。可是在宗教与社会典范形塑的生活艺术、绘画、行为模式，以及各种美的表现当中，日本亦展露了她自己的个性和信仰法则，而这些都必须具有独特性，同时象征着永生之人，如此才具有存在的价值。

老子说过：“不知常，妄作凶。”他也说：“死而不亡。”当我们失去肉体的生命，我们是死了；若失去人性，那便万劫不复。人性是人类的法。

无止境的变动与流转是这个世界显然的态势；但是应该得到实践的是充溢在人类世界中，那份至高无上的人之本性。

我们绝不能忘记，光是“动”并不具有价值，因为动也可能是一种惰性的危险信号。要知道，在印度，佛陀为实践普天之下人性尊严的理想而弘法，启动大规模的灵性改革，连带影响后世数百年的文学、艺术、科学，以及各种增进公共利益的行动。引发这场运动的动机，并不是想要得到更多的知识或权力，也不在鼓动狂热，而是启发自由，让我们具有实践佛法、领悟永生者真理的自由。

老子尝言：“有德司契，无德司彻。”也就是说，跟内在的法无关的发展，只是为了满足自己无限欲求的外在诱惑。文明也可能提供极大的力量让我们抛弃实现无限并启发创作的助力。

伟大的哲人老子有句话是这么说的：“益生曰祥。”延长寿命即使可以达到永生，却不可能超越群体生命的界限。松树长得又高又大，每一寸树木都维持着内在节奏的平衡，即使有过度的举动，也会用一贯优雅的谨慎态度来自我控制。树木和它的产物属于相同的维生系统，从树干、花朵、叶子到果实，都与树合而为一；它们能够如此朝气蓬勃并不是因为爱张扬，而是得到了祝福。

十一　相遇

The Meeting

每个时代的伟大先知们都了解天下之人心意相通，他们的灵魂也因此获得真正的自由。可是不同民族因为外在的地理条件各据一方，形成极度利己的心态。大家虽然本能地希望向宗教寻求真理，但结果不是把宗教硬套在粗糙的种族窠臼里，阻碍并扭曲宗教的发展，就是把神禁锢在庙堂的高墙和经书中，使神无法接近邪门外道猖獗的地域。人们敬拜神明犹如事奉世间的国王，只是神虽享有传统上的尊荣地位，却少了实质上的影响力。由于心灵合一的意识遭到破坏，对神的意义也一直茫然不明。

地理的分隔是造成这个现象的一大原因，但如今这个因素几乎可以被排除了。当前刻不容缓的任务，是破除含糊不明的神的形象，不再容许表面形式和神学迷雾继续遮掩神的真理。我们要为真理而行动，只有真理才能带来和平。

穴居生物以漆黑的洞穴作为隐藏与避难的处所，在狭隘的环境里寻找安全感。大自然安排如此刻苦的地方，使生物的感受敏锐度因为有限的环境条件而降低。然而，假使有个突如其来的天灾把洞穴整个掀开，这个生物如果不想走上灭绝的命运，就得跟广大的外界环境妥协，调整到双方都能接受的状态。

人不管属于哪个民族，都不可能回到过去，筑起高墙把自己隔离起来。今天不管是在形体或智识上，大家都必须面对彼此，谁也躲不掉。长久以来确保我们安全无虞的防护罩已经破了，任何人为的措施都不能补好。这是我们不得不面对的事实，即使大家对环境的变动还没做好心理准备，但是随着生命自由的扩大而衍生的种种风险，我们必须一概承担。

我们的传统习俗当中，有很大一部分是用来处理特殊状况的应变法则。这些传统的确造就各民族独特而多元的色彩，除了表现在诗作上，也呈现在各民族为适应不同环境所发展出的自我保护机制上。我们对于自己多彩的民族性，也许怀抱着无比的热爱；但如果这份情感让我们只能安于小天地所带来的舒适感，当外在局势改变，即便程度相当轻微，都足以让我们带着这份狂热走入历史。

在动物世界里，物种一夕之间全数灭绝的先例不计其数，它们都是一开始单纯地依赖特定优势，最后这些优势在大变动之后反而成为阻碍生存的致命弱点。事实上，人类最大的优势就是回应极端意外的适应力，不论酷暑或严寒之境，对人类来说都不是克服不了的。

今日摆在大家面前的种族问题之严峻，已经迫使我们必须进行道德重整，否则引发的混乱将使我们动弹不得，最后走向灭亡。（见附录四）

当我们发现必需品变得难以取得，长久以来赖以维生的资源消耗殆尽，我们就把全副精神放在找寻其他更深入、更稳定的生计来源上。这引导我们从外在进入内在的宝库探索。也就是说，当肌肉解决不了问题，我们把大脑请来救援时，才会惊讶地发觉智力竟比蛮力更强大。但如果聪明才智没有妥善运用，会把我们带上歧途，反而让自我灭绝的脚步加快，也更加戏剧性，此时我们的灵魂必须另寻更深沉的力量加入营救的行列，同时也要记取蛮力无用的道理。

极端的种族中心主义经过一番酝酿，就在人们相遇的这一刻找到最能发挥的舞台。人类的历史当中，从来没有经历过如此泛滥的道德沦丧。举目所见，尽是因为嫉妒、贪婪、仇恨与互相猜忌所造成的不安与纷扰。每一个民族不分强弱，都在想方设法伤害其他民族。这种进展神速的害人比赛把大家吞噬到无底深渊里，没有一个国家敢停下来或放慢速度。人们就像全身被病毒感染、高烧不退的猩红热病患；政治狂热取代了开创性人格，占据了生活的每一个领域。

大家都明白，追求物质利益的贪念没有满足的一天，就像傻子妄想找到地平线的尽头一样，无异于缘木求鱼。无止境的财富竞逐已经变成一场没有目标、只有阻碍的障碍赛。进行财富斗争所借助的武器也必须不停地制造，以开辟新的杀戮战场，在制造恐惧的同时激起更荒唐的疯狂行为。当酒醉般的激情驾驭着能量强大的人类才智，毁灭性的大冒险似乎已经展开。

此刻，我们比过去任何时候都需要灵性力量挺身相助，我们一定能发掘这份深藏在我们内心的力量。先驱者展开冒险时也在受苦，经过一番披荆斩棘，生命便提升到一个更高的层次，人也得以安歇。

我用一则古印度的历史故事来说明。在那段光辉的时代，有一群梦想家有农业除了实际效用，本身即是伟大的概念。大力提倡这项主张的拉玛昌德拉（Ramachandra）的事迹在民间的歌谣中广为流传，后来歌曲的原意逐渐被淡忘；再后来，拉玛昌德拉成了英雄史诗的主角，但赞颂的只是他的个人美德。然而，从埋藏在故事里的历史遗迹，我们见证时代新页随着农业普及而展开，为所有人带来深远的影响。它破除茫茫旷野的屏障，缩短世界的距离，也克服所有的阻碍。原本老死不相往来，甚至彼此敌视的各族群，在新时代的召唤下结合成一个大民族。

古印度原住民和外来殖民者之间的冲突，是吠陀梵语诗里常见的主题。诗句传达出互不信任的氛围和斗争，不是大批人沦为奴隶，便是异议者惨遭灭口。这些如同动物般的种族隔离，是出于当时人们有限的想象力和不完美的同情心。假使人们错失良机而没有体会到人类最高真理的实现有赖于合作与博爱，那么各种残忍野蛮的表现将会使那种氛围延续至今。

农业的发展是引导人们走上文明的第一道外力。除了使广大的人口定点群居，农业的最终目的是创造和平共处与互助的人生。其实文明不单纯是因为从游牧生活突然转型到农业生活就会发生，另一项不可或缺的因素，是精神层面对内在真理的感受能力提升。读过印度史诗《罗摩衍那》（Ramayana）的人一定会知道，始于一小群印度殖民者的理想主义，开启了挣脱束缚，以生命升华为己任的视野。这篇史诗想要表达的，是征服他人的雄心壮志如何蜕变为族群和解的转折。

◎

我先前说过，人类世界正面临另一个类似印度史诗时期的巨变。有人带着宗教狂热，不断助长种族隔离的心态；文人高调歌颂好战者如何的英勇；贪婪者对自己无耻失德的巧取财富丝毫没有愧疚感；外交官散播不实谣言，意图以同胞未来的苦难作为利益交换的筹码。现在，隔开不同民族的高墙已经瞬间倒塌，大家猛然发现，我们竟面对面地站在彼此眼前。

这是具有史诗价值的伟大事件。喝母狼奶水长大，住在野兽巢穴，习惯四处掠夺觅食的人，突然间有了重大发现：他是人，不是狼，而且他真正的力量不是野兽的气力，而是得到心灵的自由。

人性之神已经来到残破的部落神庙门口。虽然没有祭坛，我还是请求那些信仰单纯的人们，不管身在何地，都把想要献祭的供品带过来，也要相信一件事：智慧与恭敬心远比投机取巧和态度傲慢更有意义。我请求他们主张自己身而为人、与人为善的权利，千万不要做统治者，抱持着种族或国家优越感与人为敌。我们都清楚，新时代的人会在自由的阳光下取暖，呼吸生命的自由空气，因此这种统治者绝不会被世人所容许。

在地球非常早期的时代，怒火、恶水、暴雨等自然神是支配世界的力量，不断在地球上制造恐惧的假象。这些大神终究会退位，把支配权交给生命。当时如果有些聪明务实的旁观者在场，他们一定会用所有的筹码，甚至加码打赌自然神会打败卑微的人类，赢得这场角力赛。只有一名梦想家会以坚定的信念，公开表示自然神将因过于浮夸而败北；今日，也只有人们口中的北欧人才具有这样的信念。

我再次请求东方与西方的梦想家，站在具有创造力的生命这一边，而不是具有制造力的机器那边；支持收起拳头、展现美善的力量，而不是露出肌肉、面目狰狞的恶势力。

我们也要明白，机器只有在助人时才是好的，当它伤害生命时就是恶；科学之所以伟大在于它能摒除邪恶，而不是助纣为虐，形成邪恶同盟。

十二 教育家

The Teacher

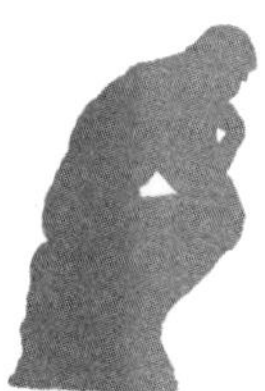

有关人的神圣本质这个模糊的概念如何在意识中淬炼，最终得到体现，我已做了说明。永生者展现在每一个人身上，既是无限又是有限。在神的众多代言人中，他是被人及其宇宙所理解的那一个。但我们身而为人，永远无从得知或想象他是否现身于其他超出人类理解范围的宇宙。因此，不论神学如何描述，他是受到人类无限向往的完美典型，使人们集体的发展有范例可循，人们在他身上追求爱的合一，也在他身上找到完美的父、朋友与爱人。

我相信，一直在我心中无意识地运作着的这个神圣的人性的想法，正是促使我跨出与外界隔离的文学生涯，投入世界从事各种实务工作的动力。隐居生活里的静坐冥思虽然带给我极大的喜乐，但我再也无法为此感到满足；我在安静礼拜时所读的经书也在不知不觉中丧失了鼓舞的力量。我隐约地感觉到我需要借由公共服务，才能在人类生命中完成灵性的自我实现。有了这个念头，我便为孟加拉的孩子创办一所学校。这所学校有它与众不同之处，现在还在苦撑当中；这是一座富有生命力的庙宇，我一直希望能为我的神学思想盖一座这样的殿堂。在这个地方，教育的目的绝对是让人的生命得到圆满。若以此为目标，就必须过着名实相符的生活，而这可以透过知识和服务、乐趣和创造力来达成。这是我必然的使命，好像冥冥之中有个力量推着我从梦幻国度的自我放逐回归全然的真实。

这让我想到古印度诗人迦梨陀娑（Kalidasa）细诉谪居之人悲伤情怀的著名诗作《云使》（Meghaduta）。这首诗不只是诗人在抒发乡愁，还有更深刻的灵魂乡愁。尽管他描述的是当时繁盛文明雕塑出的精致文化，我们却可以从他所有的作品中感受到金碧辉煌的皇宫里，其实充斥着麻木不仁的自我放纵和暴虐之气。

诗人身在宫廷却陷入被放逐的空虚感，因为他的心灵感受不到永恒。他知道这份放逐感不是他自己的，而是当下整个世代的问题。盛世中的人们累积大量的财富却得不到安宁，宝物堆积成山却失去宇宙当自己的靠山。诗人在戏剧与诗作中引用挞婆瓦那（tapovana）的例子反复呈现对完美的向往。挞婆瓦那是古印度一些以森林为家的族长式部落；熟悉梵语文学的人都知道，这些聚落的文化并不原始，他们的心智更不是未开化。他们是真理的追求者，为了这个目的而选择住在天然纯净之地，倒不是奉行清教徒的生活方式，而是过着简朴却不禁欲的生活。他们从不主张独善其身，也持续跟俗世人群保持联系。他们的目标和行为，《奥义书》曾简短地提到：

> 那群宁静祥和之人走进全体，与无所不在的圣灵合而为一。

这绝非抛弃负面性格的人生观，而是完完整整、全面的真实。迦梨陀娑身处超日王（Vikramaditya）执政的黄金时代，住在繁华中心乌贾因市（Ujjaini），却因强烈感受到被吞噬般的窒息感而苦闷不堪，只能寄望于挞婆瓦那支撑他活下去。

现在就有一位印度诗人也因灵魂空虚而痛苦，故而想到挞婆瓦那。这并不是东施效颦，真的是自然而然的巧合。与迦梨陀娑同时代的人认同以丛林为居的挞婆瓦那理想，后来真的有人跑去野外生活，他们不是以自虐为乐的苦行僧，而是一群心境平和、神智清明的正常人，期望能理解生命的神圣意义。人们凝神倾听迦梨陀娑歌咏挞婆瓦那的诗作时，彼此的信念产生了共鸣。不过这个思想在今日已经失去现实的轮廓，沦为遥远而虚幻的神话，这个梵语名词也只出现在诗文里，它的赏析意义止于纯文学。过去为了净化心灵迁居丛林的行动，若在今日仿效的话不免有种时空错置之感，所以与时俱进的做法应该是根据当下的环境做一番转化。换句话说，在实质不变的前提下，外在的形式不必拘泥于过去。现代诗人有了这层体会，渴望用现代语言来创作自己的诗。

◎

我再花一些篇幅来阐述历史。文明人远离了身心健全的生活常轨，有些习惯逐渐养成，然后被强化，跟忙碌的蜜蜂一样要自我改变以适应繁忙的大环境。我们经常看到感到厌倦、意志消沉的人，他们甚至没来由地想反抗现状。出于对蜂巢式社会架构不满的自杀式暴力，经常引发了革命；过度的封闭使我们失去生活艺术所需的洞察力。显然人不能过着蜜蜂般的生活，因此当人对自由的渴望超过必须服从的社会常规却得不到重视时，便不顾一切地奋起反抗社会。

我们所处的环境既复杂又讲求机械式的运作效率，物质产能超出人的选择和同化能力，使人难以依照自己的天性和需求与这些物质做适切的调和。

物质的泛滥就像热带地区过分茂密的林相，浓密到使人犹如被监禁其中。鸟巢和牢笼的不同之处在于前者单纯质朴，和天空相接，而后者不但材料繁杂，造价昂贵，而且以自我为中心，所有不在笼内的事物都被摒除在外。人制造着自己的笼子，并依附这个怪物为生，甘愿被它从四面包围，总想着如何改变自己来适应笼子的形状，把笼子的界线视为自己的界线，只想让自己成为笼子的一部分。

这似乎与一般的既定看法相左。许多人认为，透过人为操作而升高的物质欲望，会给生命带来强大的压力，进而成为不断推动文明前进的动力。就我个人而言，我完全不认同这是史上任何伟大文明迈向极盛的主要推动力。

我出生的地方曾经是英属印度的首府。我的祖先们于非常早期随着东印度公司的开发所带来的机运，而落脚在加尔各答。我们家族的生活信念同时受到三种文化的影响：印度教、伊斯兰教与英国文化。我祖父的时代刚好历经从衣着华丽、繁文缛节和生活恬逸的生活方式，慢慢过渡到维多利亚式的简约和效率的风格，不论时间、仪式或个人外表。这表示我面对的世界是都市的进步精神开始驾着胜利跑车驶进绿意盎然的古老村落。虽然我出生之时本地文化已大致被摧残殆尽，但过去的啜泣声依然在废墟上空盘旋不去。

我经常听大哥带着无奈和遗憾的口吻，讲述过往的热情友善，旧世界里人们自然流露的温馨仁慈，还有充满单纯信仰与献祭诗歌的生活。这一切都已成为幻影，消失在朦胧而昏黄的地平线之后。我在孩提时期经历的是西方商人甫建立的现代城市，以及硬生生闯入我们生活却格格不入的新时代潮流。

虽然城市生活的严苛是我对世界的唯一记忆，但我的心老是出现异乡人的乡愁，这令我感到不可思议。好像我的下意识还牢记着太古时代的住所，那里有我的先人们所描述的情景和声音，像是静默无语的岩石、潺潺的流水、森林的朦胧低语……一景一物不断在我的血液中翻腾。有些经常浮现在脑海中的回忆栩栩如生，似乎渴望着生命降临之前那徜徉于奇幻天地间，与其他初始生命共享摇篮和游戏的时光。在印度正午的艳阳下，飞舞的风筝与空气碰撞出的声响，为孤独的小男孩带来莫名的亲切感。我家围墙边那几棵椰子树像是许久前被入侵地球的大军抓住的俘虏，向我细诉草木对人类恒久不变的守护之情。

回顾儿时那些时刻，我整个心神陶醉在天空和阳光的感动中，感受褐色土壤上闪着露珠的青草轻轻刷过皮肤的触感，我不禁以为，这是我的印度先人们把存在的哲理——透过人和宇宙万物合而为一的实践——深深烙印在我心中。我创办学校的初衷，就是想实践记忆中那份在我出生之前便已存在的意识自由。

遗世独立的自由是空虚的概念，没有意义。最理想的自由建立在完美的和谐基础上，这个基础并非透过我们对于世界的认识，而是透过我们的存在所做出的回应。知识的客体跟我们有极大的距离，因为我们只是知道而已，知识并不等于合一。当我们透过完美的和谐得到真理，而非透过感官感觉或理智判断，更深刻的意识自由便会降临在我们身上。

小孩子带着最单纯的意识，与世界建立直接而亲密的和谐关系。这是他们拥有的最好的天赋。他们必定毫不犹豫地接受世界原本的模样，也不会失去与世界直接沟通的能力。我们在生活上要原始，在精神上必须文明，如此才能趋向圆满；我们都有与生俱来的能力，可以在自然界保持自然，在人类社会中保有人性。

我的灵魂因被文明筑起的都市高墙阻挡了与万物的交流而感到孤单，它在我内心深处拼命呼喊，恳求见到更开阔的地平线。我好似一首诗中即将被删除的那一行，处在悬而未决的疑虑中，不像其他已然确认的每一行，有和谐的声韵，在整首作品中占据不可或缺的明确地位；而我的角色则被遥不可测的浓雾所遮掩。跟童真一样，快乐的能力自然而然地随着我来到世间，只是现实生活的运作、千篇一律的惯性，还有必须维护的礼教规范，一点一滴腐蚀掉这份能力。

我本来是按照惯例，跟大家一样去学校念书，但这件事对我造成的痛苦似乎远比大多数孩子来得剧烈。我内心非文明的那个部分十分易感，对色彩、音乐和生命的动态怀着热切的渴望，但是以都市为中心的教育并不重视这些充满生气的事实，好像只是等着要把印好商标可以卖钱的产品载去市场贩售那样。人身上非文明和文明的比例应该跟地球上水与陆地的比例相符，也就是水应该多于陆地。可是学校的宗旨一直在试图强化文明这一块。把流动的元素抽走会导致干旱，只不过以都市的条件来看，这并不被视为值得惋惜或悲叹之事。但我的天性对这种环境永远都不能适应，像是那种铺筑过的路面，看起来体面却没有自然的感觉。那个非文明的我很快就获胜了，在我刚迈入少年之际便成功地把我带离学校。但我随即发现自己处在蒙昧的孤岛上，必须靠着本能，从无到有建立自己的教育系统。

这让我想起小时候有幸读到的孟加拉文版的《鲁宾逊漂流

记》。我到现在还是认为那是一本男孩必看的最佳读物。打从小时候我就想脱离自我，跟自然万物合而为一。这个想法特别符合印度文化追求扩展觉知力的传统。我们必须承认，这种欲望本质上的主观成分相当高，但身处在不受我们控制的地理条件中，这是必然的。对热带气候束手无策的人们为了生存，每分每秒都要付出高昂的代价。高热、湿气、依赖大型动物存活的小生物具有超强的繁殖力、令人恼怒的有形和无形事物永远不会消失，这些存在阻碍了开创性实验的可能。于是过剩的精力开始追求难度更高的自我实现。这便是为什么西方文学经常强调自然的丑恶面，西方人似乎很高兴有敌人的存在，如此他们才能正面迎战并从中得到乐趣。亚历山大大帝占领大半世界时，还发下豪语想再征服其他世界，这个范例成为精力充沛的西方人向往并仿效的对象。当他们讨伐不义的战事暂告一段落之际，就会故意去挑衅其他民族，大肆破坏一番后再接收战利品来犒赏自己。他们为了寻求刺激感，不惜冒着自我伤害的风险，无端去危害无辜者，诸如能在空中翱翔的美丽鸟儿、耐得住极地严寒的温驯野兽，还有所谓更高等的种族，尽管我很不想提这个非常无礼的字眼。

◎

生命在实践的路途中会一再出现各种矛盾冲突，但这是前进的必经过程。溪流为了穿出一条水路，必须克服来自土壤的阻力，但也因此它不是一滩死水，土壤最后也会形成守护水流的河岸。生命的创造力来自奋斗的精神。乐器校准音调的目的并不在展现技巧，而是让音乐能够完美地实现。西方人克服障碍得到胜利的喜悦，成为他们生命乐器的丰富和弦，这是值得庆幸的。位于宇宙中心的创造之神绝不容许障碍完全排除，因为这是它存在的基础。绝对的真理存在于完美的典范之中，只有靠自己的付出才能拥有，所以奋战的精神很重要。但这并不是指那些展现肌肉的活动或贪心掠夺的粗鄙行为会因此得到报酬。

在《鲁宾逊漂流记》中，与大自然合而为一的美好就表现在冒险故事里。故事中，孤独的人面对孤独的自然，他耐着性子与其交好，与之和平共处，探索自然的奥秘，同时也想办法得到自然的协助。

这是西方英雄式的冒险旅程，是对大地的热爱。我记得年少时搭火车从意大利布林迪西（Brindisi）穿越欧洲大陆到法国加莱（Calais），路途中我感受到狂喜与惊异。我见识到欧陆的纯净之美在各处绽放，散发出健康和富足的神气，这是西方人道世界长期以骑士精神灌溉后所生出的果实。西方社会经努力而得到这份果实，也开启了取之不尽、用之不竭的丰美泉源。我由衷盼望，来自东方的内省觉知力能够与外显事奉行为的精神结合，使美好与美满现身于阳光下，不再难以捉摸。

我还记得某个早晨，一名正在乞讨的孟加拉村妇用她的纱丽裙摆捧着我准备丢弃的凋谢花朵；她用脸庞轻抚着花儿，流露出轻柔无比的欣喜神情，轻叹着："噢，我最心爱的！"她的双眼能轻易看透外显的表象，直视花朵背后一片无尽的世界，让她与心之所爱（普世之人）享受了亲密的接触。尽管她缺乏崇拜敬神的能力或那种直接的敬神仪式，但人性的仪式便足以让大地献出花朵，让美好境界降临在被遗弃的尘土间。有人认为东方与西方的精神，或者《圣经》中的玛利亚与犹大，没办法结合使真理的实践更臻完美，这种论调我并不认同。即使我们东方在物质上匮乏，还有时间上的劣势，我依然愿意耐心等候东西方的相会。

当我在构思学校时，我想起鲁宾逊漂流的荒岛；在我的学校里，最重要的第一堂课是教人与自然完美合一，不只是透过爱，还可以透过积极沟通和理性的办法来达成。这样的课程是可行的。我们必须认清的事实是，爱与行动是获取完整知识的两种媒介；累积知识的目的不是卖弄学问，而是拥有智慧。设立学校的目标也不只是使人四肢发达和头脑灵敏，以应付各种突发状况，而是学习融入生命与世界的和谐关系，并在其中取得平衡，这就是智慧。因此在这里给小朋友上的第一堂课，是让他们即兴创作，过去那种填鸭式、以现成教材上课的教法，在这里是不会被采用的。完成挑战会带来惊喜，我们打算透过这种方式，给每个人发掘自我能力的机会。我要强调，这不是一堂简单生命的课程，而是创造性生命的教育。生命可能愈来愈复杂，但如果以人性作为核心，那么生命依然能够与创造力同步前进，以优雅的姿态彰显自己的价值，而不只是提高数量而骄矜自喜。

我真希望能告诉大家，这所学校已经实现了我的梦想。但其实我不过是朝这个梦想开了一个头，提供机会让孩子们培养爱大自然的能力，进而找到自己的自由。爱即自由；它给我们完整的存在感，免于我们为了毫无意义的廉价目标而出卖灵魂。爱以它的内涵点亮世界，让生命理解到，各方面的“足够”就是最大的享受。我知道有人刻意夸大贫穷的精神价值，积极鼓吹简单生活的信条。如果贫穷只是去否定其他事物，那么我无法想象贫穷究竟有什么特别的意义。唯有当人的心有足够的感受力，有能力回应现实的深深呼唤，才会自发地抵抗虚假的诱惑。麻木不仁会使我们失去感受快乐这种单纯的能力，沉沦在以拥有昂贵用品为豪的无知傲慢中。麻木的禁欲苦行对抗麻木的骄奢放纵，就像是以恶制恶，把冷酷的沙漠恶人换成疯狂的丛林恶人而已。

我尽了最大的力量，培养我的学校里的孩子对大自然的感受，也透过文学、庆典和宗教教育培养他们灵魂与周遭人类环境互动的觉察力。宗教教育会让我们透过灵魂更贴近世界，去感受而不只是测量，就像我们获得乐器的目的是期待它能奏出自己的乐音一样。

十三　灵性的自由

Spiritual Freedom

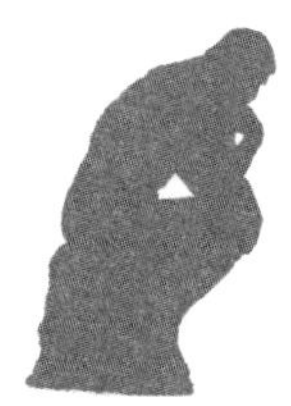

生命中总会有伤害我们的事，破坏了我们有形的自我与有形世界的运作和谐；这些伤害我们称之为疾病。有些因素会压抑我们的理解力，破坏了理性的心智与理性的宇宙之间的和谐；这些因素我们称之为愚蠢、无知或疯狂，它们是极度放纵以致失控的激情，扰乱人性的平衡。这些强烈的情绪我们称之为罪（sin），它们使个人心灵与人类心灵的和谐蒙上阴影。这些事物使我们无法认清全体人类和心灵的真实，也使得我们在物质、理性与灵性上的真自由变得狭隘，甚至失真。

印度境内层次较高的宗教都提到Mukti的修习，意思是灵魂的解放。在自我的领域里，我们意识到个体性，个体所有的行为都在表达我们有限的、个别的本质，以及从中得到的乐趣。在灵性的领域里，我们意识到内在的先验真理，那是普世、至尊之人；灵性我（spiritual self）从舍弃个体自我、追求更高灵魂层次的过程当中获得喜悦。这种舍弃并非否定自我，而是奉献自我。舍弃自我的念头源自于直觉，但我们并不清楚直觉本身的意涵，因此也在寻求明确的价值和目的。事实上，追求与某种客观存在的完美典型合一，建立个体和无限者的和谐关系，就是这份直觉的目标。《奥义书》说，当人在群体之中找到自己的时候，真理便不再隐身；在此指的便是这份和谐，而不是空虚的孤独感。

有一回我拜访偏远的孟加拉小村落，那里住的多半是信仰伊斯兰教的农夫。村民们请我观赏一种类歌剧的表演，源自数世纪以前的教派文学，势力曾经很庞大，现今几已失传。虽然不再有人信奉这个教派，但它的歌声依然继续向一群异文化的村民传唱其思想，而这群人也不厌其烦地听下去。歌曲依照这个教派独特的教义而做，讨论组成人的各种物质性与先验性元素，包括躯体、自我与灵魂。歌唱之后的表演是一段对话，讲述一名男子打算长途跋涉到至喜乐园布林达本（Brindaban），却被守门人指控偷窃而无法成行。男子被发现衣服里藏着企图把“自我”私运到乐园里面的证据，证明他确有犯意。其实自我只能靠自首与忏悔，才能实现进入至喜乐园的愿望。男子的犯罪事证确凿，旅程就此打住。表演在一处用竹竿搭建的老旧遮雨棚下进行，只靠几盏煤油灯打光。现场挤满了村民，不时还有从附近田里传来的狼嗥。众人对于这场奇特且融合舞蹈、音乐与幽默对话，探讨万物终极意义的戏曲兴致高昂，一直待到午夜时分才散去。

这场表演显示诗歌与哲学在印度如何自然而然地走在一块儿，只因为后者主张它能够提供人们成就生命的法门。成就什么？成就我们获至真理，在真理中徜徉的自由，如同下面这句祈祷文：

将我们从虚幻带往真实。

因为，真实即喜乐。

◎

在艺术世界里，我们的自我意识得以从自我的利害纠葛中解放，让我们可以毫无阻碍地达致合一的境界，那是真实的体现，也是永恒的喜悦。

灵性世界跟艺术世界一样，我们的灵魂期盼摆脱自我的桎梏，接触到不掺一丝杂念的极乐，那是创造的泉源，也是创造的目标。灵魂渴望得到解脱，与真理合而为一的自由。灵魂解放的概念深深影响了印度人的生活，触及纯粹情感与祈祷的泉源，它乘着诗歌的翅膀往天堂的方向飞去。我们总是一再听到教育程度不高且信仰单纯的人对着救度佛母神（Tara）唱祷着：“我犯下何罪必须待在表象世界的地牢？”

他们担心被弃绝于真实世界之外，害怕一直在俗世表面的泡沫中浮沉，恐惧被苦乐循环的浪潮丢来抛去，永远达不到生命终极的意义。这些人可能是驾着牛车赶市集的车夫，可能是正在撒网捕鱼的渔夫。如果有人问他们歌曲有什么深意，他们也许没办法立刻说出聪明的答案，但他们心中深信所有的悲惨都有一个永远不变的原因，那就是生命的意义无法彰显，而非缺乏舒适的物质生活。这是他们歌唱中常见的主题，批判过度重视“我”和“我的”的现象，认为这将破坏人对真理的洞察。难道他们没有时常看到社会地位或聪明才智不在他们之上的人，情愿将一切所有抛诸脑后而致力于寻求真理吗?

他们很清楚那些看似冒险冲动的行为，目的不在追求更多的俗世财富或权势，而是为了自由与解脱。他们可能认识一些穷苦的同行，孜孜矻矻日夜工作，却因为心灵不受拘束而享有声望。我便碰过这样的人。我雇用的船夫曾以敬畏的神情指向一个拥有自由灵魂的人，那是一名整日在恒河上捕鱼的渔夫，他总是全神贯注地唱着歌。我们的社会惯于替所有人订价码，把人跟玩具一样，按照市场行情的高低摆在橱窗不同的位置。但这位渔夫的价值已经远远超出社会的最高标准了。

我不禁在想，以生命歌颂自由灵魂的人，身价绝对不低，但肯定不会留名青史。单纯的印度村民们早已看透，皇帝不过是困在帝国里面，打扮得比较体面的奴隶；百万富翁用自己的财富打造黄金牢笼把自己关进去；而这位渔夫在光之国度是自由的。当我们在黑暗中摸索前行时，不管碰到什么都会当成唯一的希望而紧抓着不放。一旦恢复光明，我们把手松开，才会发现原来我们握的只是全体的一部分，而且我们和全体有着密不可分的关系。心思单纯的渔夫知道，自由的真谛就是不被自我和外在事物所绑架，那些只会制造出狂热的占有感。渔夫更明白，自由不是斩断联结，空无一物，而是单纯体会存在的快乐。他唱着："一个人潜得够深，就没有达不到的地方。"他继续唱道：

让我的两颗心相遇并结合，
带领我进入美好之城。

我们的一颗心在五光十色的世界四处追寻外在的目标，另一颗心则寻找内在的一致和谐；当这两颗心不再起冲突，便能帮助我们体现那无法言喻的境界。诗圣卡比尔（Kabir）的诗歌里也做出相同的启示：

若主张最高真理只存在内在的灵性世界，便是贬损外在的物质世界；若说最高真理只存在外面，那也不是真理。

根据这些歌者，真理存乎合一，也因此自由便在真理的实践之中。我们每日的祈祷和冥想，都是为了让我们的心智能够克服它与其他存在分离之后所形成的障碍，进而实现至高的合一，也就是无限。这种普遍存在于一般印度人心中的哲学智慧，启迪了我们的日常修行，驱策我们跨越表象世界，因为表象世界所发生的事不会与我们的心产生共鸣，就像外星人的声音我们是听不懂的；哲学智慧传达的信息是，解放必须深入万物的内在真理，此时，无限的“多”会以“一”表现出来。

物质世界的自由也会以它自己的语言表达出相同的意涵。如果显现在我们面前的自然现象仿佛是难以理解、跟我们毫不相干的异形，那么我们虽然住在地球上，却永远无法独立自主。发现世界运行的秩序与我们的理性和谐一致，我们便能领会人与环境的一体性，并因此感到自在。

抱持着错误世界观长大的人，没有从知识与理解力的关系中体会到人与世界一体的道理，他们被没有希望的宿命论塑造成怯懦的胆小鬼，碰到外界的打击时总是悲观以对。当权利被侵犯时，他们不抗拒而是听命，习于接受外界强加在他们身上的污名，以及难以预料的悲惨境遇。

社会与政治层面上的缺乏自由，则是基于不完整的一体感而导致的精神疏离；一体感的缺陷造成我们不自由。大家可以想象，当某个人彻底摆脱同伴而获得自由之身，便不必因为人际关系而对他人负有义务。但吊诡的是，人类世界只有在互相依存的架构渐臻完美时，自由才会诞生。个人主义发展到极致，不负任何责任义务的人等于过着文明来临前的原始生活，生命的表现亦无法圆满。这样的人生是晦暗无光的，好像生不起来的火苗，难以从浓烟的包围中解放，灿烂地燃烧。只有那些培养出互谅互助的能力的人，才有可能摆脱生命的阴影而得到自由。自由前进的历程，可以说是人类关系成长的演进史。

有人认为存在的本身是邪恶的、不幸的。这个想法是出于人的盲目，忽略了存在的真相还有另一面。举例来说，鸟儿如果只想用一边的翅膀就飞上天，一定会被风无情地打落地面。真实一旦出现裂痕，就会变成有害的真实。之所以有害，是因为这种真实不可能实现。死亡不会使我们痛苦，但是疾病会，因为疾病一再提醒我们健康的重要，却不让我们拥有健康。停留在半个世界里的人生是罪恶的，因为明明不完整却必须假装圆满，就像你给口渴的人一个杯子，里面却没有装水一样。没有完成整个周期的片段真实，正是悲剧的根源。周期的终点，就在个体实现整体，获得了自由的那一刻。

由于自由是真实的内涵，不会表现在外，所以任何速成或强取的途径都不是正道。一位籍籍无名的乡村诗人唱出这首歌：

> 噢，残忍的人啊！你如此性急，非得用烈火逼迫心灵的花蕾吗？你会将它摧毁，用你的焦躁烧掉它的芳香。难道你不明白，我的尊者，至尊上师，花费数百年栽培完美的花朵，从未有一刻慌张仓促？因为可怕的贪念，你借着蛮力达到目的，这有何用啊，性急的人？“孔武有力的人，”诗人玛丹说：“别伤了上师的心，你要知道，只有顺着流水、放

下自我的人，才听得到水声，噢，性急的人啊！”

诗人知道，想靠着掐住某人的脖子来攫取自由，是办不到的。只有放下自我，透过内在修炼才能通往自由。各种形式的束缚对于内在自我有强大的控制力，表面上看不出来，但足以蒙蔽我们的理智，限缩我们的视野，也让我们做出误判。

让我用一首孟加拉包尔人的诗歌作为本章的结尾。这首诗歌有超过百年的历史，讲的是有限个体与无限灵魂亘古不变的结合。在这样的关系里，不会有所谓的解脱，因为爱是没有边界的，因为它是让真理获至圆满的内在关系，也因为绝对的独立代表着没有一丁点儿的卑屈。歌曲这么唱着：

灵魂的莲花从没停止盛开，它绽放了一个又一个世纪，我离不开它，你也一样。它的花瓣开了又开，没有止息，它的蜜如此甜美，你会像着了迷的蜜蜂那样，永远不想抛下它。最后你也离不开了，而我和自由，都不复存在。

十四　生命的四个阶段

The Four Stages of Life

之前特别强调过，我讨论的宗教观完全以人为主题，从人性面的角度帮助人们在态度和行为上达到无限的境界。我们知道印度人的观念都偏向超越论，也就是不把宗教视为最终结局，而是一种通往更远目标的法门。这个目标，是具有共同体意识的个体超越人类极限的全然解放。

我用科学来类比，向西方读者解释这种极端的神秘主义，因为在物质知识的领域中，科学也跟神秘主义一样，让我们穿越外显的表象看清事物的内在实相，萃取概念性的原则；它使我们的心获得理性论证的自由，不再为感官所奴役。

用常识可以理解的世界观总是显而易见，这对我们来说极其重要。就实用性而言，我们觉得地球是平的，太阳从西方地平线落下，而且不管伟大数学家怎么证明时间差的存在，我们相信有一个可供对照的标准时间。在艺术和日常生活的相关议题上，我们对事物的观点必须凭借它们表面给我们的感觉，而不是它们的本质。然而，当科学发现远超出人类靠直接观察得到的感知，便为人们带来纯然而无私的喜悦，以及对世界脉络的超感官理解。科学带给我们神秘的物质知识，经常超乎我们能够想象的范围。我们追随那些经过理性训练、不受表面或个人好恶所影响的导师，谦卑地接受科学。他们的心智能到达无限远的时空，在那里没有善恶、高低、美丑、实用或无用之分，所有的一切都享受了无差别的理解和存在的权利。

印度人向往的终极灵性自由也具有类似的体现，它摆脱人类的一切局限，跨越道德和审美的分际；那是纯净的存在感，得到至喜觉照的最终实相。虽然科学把我们的思想推往人类心智所能理解的极限，但是它用逻辑符号创造出来的和谐，它自己却无法超越。也就是说，在科学的范畴里，小鸡来自鸡蛋，而不是来自它本质上是小鸡的事实。但印度的瑜伽认为，透过高度专注与静心的过程，我们的意念确实能到达一种知识不再是知识，主体与客体合而为一的无限之境，那是一种不能言传、只能意会的存在状态。

我们每人都有“个人我”。这个个人我费尽心力想去营造一个没有行动限制、需求一概得到满足的世界。但在追求的过程当中，我们察觉到自我的实现是透过克己与自我牺牲而达到完美的层次。这项认知使人在普世的根本真实，亦即在人类价值的道德与精神基础之上，发现自身的意义。这就是我们的宗教。科学是普遍现象经过推理后的知识解放，只不过范围不会超越人类的推理能力；宗教是普世人性当中的个体性解放，但两者在人性面上并无二致。

古印度的心灵探索大师主张人可以做到更深远的解放，进入完全自由的无尽空间，他们认为这个概念不只是一种学派，更重要的是有助于人类达成最高目标。因此，一条修炼之路隐然成形，随着人生各个阶段的演进而开展，让我们的人性渐臻完美，最后超脱自我，抵达自由的终点。

◎

人的完美有两个面向：本质的完美和行事的完美；两者在某种程度上各自独立。可以想见，透过一些训练或强制力，可以迫使不算好人的人做出好事。从事危险行动的人通常会意识到行动的危险性，尽管这些人很多都是胆小鬼；他们做的这些事情也许不错，可能在之后会继续发挥效果。然而，这并不是效用的问题，而是道德圆满的问题，重点是每个人在自己的善行中必须是真诚无虚的。人展露在外的善行也许持续结出善果，但内在品格的圆满有它难以衡量的价值，对个人来说是心灵的自由，对人类则是庞大的资产，即便我们不一定察觉得到。

行善的意涵在于人的灵性脱离自我本位，借由利他行动表达对普世人性的认同。它的价值除了利益他人，也在于彰显的真理可以让我们观照内心，了解到人不仅是七情六欲的生物，还拥有自由自在的心灵。在人的世界里，善行正如爱，象征着个体的自由。我们的内心必须真诚无伪，目的不在世俗的责任义务，而是求心灵的满足，与至善至美之人同步，与永生之人合一。如果做不到，机械式的完美可能凌驾于心灵圆满之上。为了体现人与万物的和谐，人应该过着既能带来自由，也拥有超越人生的自由的生活，这是最理想的模式。

无疑的，自然为了达到它的生物性目的，想办法让我们忘记死亡，以坚定我们对生命的信念。然而，不只是我们的肉体存在，连自然所打造的环境，都可能在胜利的那一刻遗弃我们；空前的繁华茂盛会走到尽头，化为一场空；最强大的帝国在摇曳狂欢的灯光中慢慢僵化而倾圮。这些道理都对，但我们听得厌烦了。

话说回来，纵然生命所有的关系最后都逃不过一死，我们也不能在这些关系还存续的时候刻意忽视。如果我们因为它们不是永恒便视而不见，最后该付的代价还是要付，另外还得加上高额罚款。忽视实际存在的关联，尽管它们非常短暂，只会让这些联结变成更牢固的束缚。灵魂是美好的，但自我必须先被超越才可能碰触到灵魂。如果把通往目的地唯一的那条路拆掉，我们还到得了吗？

古印度的伟大先贤们看到人类的心灵何其伟大，如同创造之神梵天那般的庄严与尊贵无限。有限的观点都是不完整的观点。人如果只是一名市民或国民，就无法走到他的终点，只有永恒的灵魂不会被城市、国家，甚至是被称为世界的泡沫所约束。

古印度君王帕特利诃利（Bhartrihari）曾说过：

> 找到所有欲望的源头又怎样？把仇敌的脖子踏在脚下又怎样？家财万贯，追随者众又怎样？即使能长命百岁，那接下来呢？

这段话的意思是说，人类比所有脑中想得到的目标更有意义。唯有得到自由，人才是真实不虚的。

但是人在追求自由的过程中必须约束自我，使自己的意志力不至于用在其他地方而被分散或浪费掉，然后从这种限制当中获得方向。那些追求政治自由的人往往牺牲道义与良知自由，为了巩固政治势力而不断限缩思想与行动自由的界限。

◎

印度人最初愿意接受社会制度的钳制，为的是超越社会，就如同骑马人为马套上缰绳，把脚套进马镫一样，为的是加快速度，早日抵达终点。

宇宙万物的运作与构造是有道理的，它不会让欲望变成一首没完没了的歌。所以音乐停在一半会让人感到不快，听到最后一个音结束会令人感到愉悦。

印度智慧并不赞成正在进行间的事物突然中止。当然，世界从创始之初直至今日，历经起落盛衰仍不断地运行；但同样明显的是，每个人与世界的联结总有一日会告终。难道这段因缘没有结果就得结束吗?

所以我们印度人在世间的生活分配，是把工作摆在中段，自由是压轴。如同一天可以分成上午、中午、下午和晚上，印度也根据人的本质，将生命分成四阶段。日子依据光照而有明暗的变化，人的体力也一样有强弱的周期。

印度人应用这个概念，为生命的递移建构出一套前后连贯的四阶段概念。

首先是以陶冶教育为主的求学阶段（brahmacharya）；其次是世俗历练阶段（garhasthya）；接着是责任与关系了结的归隐山林阶段（vanaprasthya）；最后是等待超越死亡的解脱与自由阶段（pravrajya）。

我们习惯性地认为生的相反是死，死亡仿佛是侵犯生命的敌人，生命的结束跟自然不相干。我们生命的每个阶段都在徒劳地处理两者的冲突。在青春开始消逝之际，我们竭尽全力想把它留住；当欲望的热度减退，我们赶紧加油，想办法再度点燃它；当感官迟钝，我们会逼迫它们不能停，继续努力下去；即使控制的力道松懈了，我们亦不甘就此放手。我们不习惯把必然视为自然，因此也就无法优雅地放手，让该离开的好好离开，总是等到它们从我们手中被夺去。真相来临，我们无法待之以礼，只能被它征服。

瓜熟蒂落，虽然果实脱离树木，但种子会因为储满养分变得坚实，迎接下一次生命的开始。随着年龄增长，我们外在的失其实伴随着内在的得。然而，意志是人类内在生命的主宰，所以能得到什么要看个人的修为；这便是为什么修为不够的人无法筹措生命下个阶段所需的能量。常看到一些人视茫茫、发苍苍、齿牙动摇，却紧抓住生命的尾巴不愿松手，想凭借意志力继续掌管俗务，甚至死后的一切。

我们必须学习舍弃，有舍才能有得——这才是精神世界的真理。

花朵必须等待花瓣凋谢才能结果，果实也必须掉落才能使果树重生。胎儿离开母体，身与心才能进一步发展以支撑接下来的生命；接着，心灵会随着个体的独立而形成，人生进入更完整的阶段，亲情与友谊扩展了生命的视野；最后出现的是身体的衰老，欲望的散去，而经过生命历练的心灵也会离开狭隘的个体生命，与全体生命汇聚并献出过往累积的智慧结晶，终而进入永生；当衰败的躯体走到筋疲力竭的地步，灵魂便挥挥衣袖，不带一丝遗憾地潇洒离开，期盼进入永恒。

从个体到群体，从群体到宇宙，从宇宙到无限——这是灵魂的既定路线。

古代先贤们知道这条路线将通往何处，所以不会在生命的起始阶段只塞给我们书本和其他僵化的教材，而是让我们在生活中学习并体验纪律，享乐与苦行并重，借以修炼人品。生命是一段朝圣之旅，在创造之神梵天的怀抱中得到自由是最高的目标。抱着朝圣之旅的虔心和坚定态度，在生命各个阶段一步步向前，是一种心灵的修炼。学习者的目光会在启程的那一刻开始，看向旅程的终点。

倘若我们的理智拒绝接受温和的节制，之后一旦受限就不会知道那是该停止的信号，反而像提油浇火一样，在碰撞之后让欲望烧得更旺。所以自生命的初期就应该训练我们的理性去体察、遵循并拥抱自然法则，培养快乐自在的心态以及随时可舍弃的心理，这是很重要的。

紧接着学习阶段而来的，是世俗生活的历练阶段。大师曼努（Manu）告诉我们：

> 不食人间烟火者，自我修炼的效果绝对比不上留在人世间以智慧生活之人。

这是说，智慧圆明只能透过实实在在的生命修炼来达成；脱离智慧的修炼不是真正的修炼，只是缺乏内涵的惯性，戴着伪装面具的愚行。

事功，特别是良善的事功，在我们学会如何节制欲望之后会变得轻而易举，使世俗历练阶段成为人间福祉的中心；这在迈向最终自由与解脱的道路上非但不会成为阻碍，反而是助力。

第二阶段结束，体力的衰退昭示生命即将进入自然周期的尾声。对于一个仍愿意坚守岗位的人来说，他无须悲情地把这个发展视为驱逐，而是要欣然接受阶段性任务的完成。

胎儿离开母亲的子宫之后，还有一段紧密依附母亲的阶段，维持既分离又亲密的关系，一直到这个新生的个体能适应崭新的自由状态为止。这是第三阶段的生命，远离世界但不切断联系，同时也准备迎接全然自由的终局。他继续为世界贡献他的智慧，接受来自世间的支援；可是这种互惠交流跟前一个阶段休戚与共的特性不同，两者之间的距离感已经重新定义。

即使是这种自由的关系，也会在某个时点画下休止符，被释放的灵魂再不被任何俗务纠缠，朝着至高性灵的方向前进。

唯有透过这个方式，世俗人生才真正从一个阶段结束而进入下一个阶段。人们不再费尽心力与死亡缠斗，即使死亡现身于生命轨迹之时，也不会有被敌人歼灭的挫败感。

印度的四阶人生规划有助于人们顺应宇宙法则，使人与世界达到美好的和谐；在这样的关系当中，人的欲望经过正道的导引与调节，不至成为脱缰野马而演变成具有毁灭性的个人主义。

与这个观点密不可分的一项前提，就是在理想的人生形态当中，包括个人势力和国家强权在内的一切事物都是次要，我们的灵魂永远排在第一顺位，并且应跳脱个人主义的框架，否则灵魂将永远被局限在无止境的轮回中。

排除个人主义的这个理想目标，在印度尚未普遍得到认同。许多人的信仰基础是双元论，人与神的关系永久不变。对他们来说，宗教象征终极的真理，所以他们不会跟随那些相信超脱人性、追求存在更高境界的人。他们认为人的不完美是生命苦难的源头。但实际上，我们在种种限制和困难当中还能实现爱，这份爱足以接纳所有的悲苦，并使我们从中升华。

结　语

鸟，在梵语中被描述为“诞生两次”，第一次诞生在蛋壳包围起来的空间之中；第二次也是最后一次，是生于无际天空的自由之中。跟我们秉持相同理念，认为人的有限自我会在灵魂自由当中得到解放的人，也带有这样的特质。人在生命的各个面向都展现了这个双元性——由外显事件建构出的存在，以及在深刻意识里的超然存在。

与生俱来的本能会时时催促人要跨出那条界线，所以他永远不会认为眼前所见即为一切，他会不断地冲撞阻挡他踏出去的那道墙。但在同时，他也必须对抗另一股势力，那就是人的生物性，他甚至会因为挑战生物法则而感到激动万分。正是因为遵循这份不放弃探索远方的本能，才有了今日人类文明的珍贵财富。人渴望实现真理，并不只是为了满足需求，而自我实现的动机同样也是超越个别利益。这一点证明了人的无限性，而人所展现的真与善也使得人的宗教变得更加真切。宗教只出现在人类社会，是因为只有人的演进是从提高生物效率朝向灵性圆满。

根据吠檀多派（Vedanta）的诠释，婆罗门是绝对真理，不具人格的“它”。婆罗门的内涵不区分彼此、善恶、美丑或其他特性，唯有一项例外，就是在永恒寂静、空无一物、了无思绪之中，有一股无法诉诸言表的幸福感。然而，因为我们的宗教只有在被人类所理解的现象世界才有意义，婆罗门的这种绝对概念已经超出我们的讨论范围。我在本书中试图阐明的，就是不管我们用什么名称来指涉神圣实相，它在我们的宗教发展史当中都占有最崇高的地位，原因就在于它的人性特质使罪恶与圣洁的概念具象化，也提供一个理想典型与人类本质皆能和谐共存的永恒空间。

印度具有千年的传统文化。我曾经讲过，借由修习瑜伽的过程，人可以超脱所有人性牵绊，进入纯净的最高婆罗门（Parabrahman）的意识状态。这个说法没有人会质疑，因为它是来自个体的直接经验，而不是出于推理逻辑的结论。有些人能短暂地进入三昧（Samadhi），那是自我与无限合一的状态，同样也是一种难以言喻的境界。这些经验在印度都很普遍。我不否认这些经验的真实性，但希望读者们也相信其他人的证词，他们对某个“存在”怀着深刻的爱，那是一种和谐、一致、合一的巨大情感；这个存在容纳了所有人性的知识、意志和行动。那就是神，祂不仅是所有真实的总合，更是穷尽过去与现在所有努力依然仰望的目标。

附录一　现实的本质：泰戈尔与爱因斯坦对谈

（以下内容记录于一九三〇年七月十四日午后，泰戈尔与爱因斯坦在后者位于德国卡普斯的住所的一段对话。）

爱因斯坦：你信仰的神和世界是分离的吗？

泰戈尔：不是。人类的无限人性能够广纳宇宙，无所不包。这便证明了宇宙的真理即人的真理。我曾经用一个科学事实来说明：物质由质子和电子构成，虽然看起来是坚实的固体，但两种构成要件之间存在着空隙。同样的，人类由个别的人所组成，人与人之间的关系把所有人都联结起来，使人的世界变成一个共同体。整个宇宙也是这样与人相连，这就是人的宇宙。这个想法是我在艺术与文学创作，以及人的宗教认知的发展过程中逐渐成形的。

爱因斯坦：关于宇宙的本质，有两种不同的看法：一、世界是应人类而存在的实体；二、世界是独立于人为因素的现实。

泰戈尔：当我们的宇宙与永生之人的关系和谐一致时，我们认知的宇宙便是真理，也能体会宇宙之美。

爱因斯坦：这是纯粹的人的概念的宇宙。

泰戈尔：这是唯一的概念。这个世界是人的世界；科学的观点也是科学家的看法。某种理性和情感的标准赋予世界真理，也就是永生者的标准，而他的经验是透过我们的经验而来。

爱因斯坦：这是人类存在的体现。

泰戈尔：没错，这是永恒的实体，必须透过情感和活动加以体现。我们体现的至高无上者，透过我们的有限，便不再有个别的有限。科学所探究的，是不受个体限制的客观人类世界的真理。宗教体认到这些真理，并将其与人们更深沉的需求加以联结；我们对真理的个别觉知从而获得普遍意义。宗教赋予真理价值，而我们透过与真理的和谐关系，认知它是美好的。

爱因斯坦：也就是说，真理，或者美，都取决于人吗？

泰戈尔：是的。

爱因斯坦：如果没有人，那么贝尔维德尔的阿波罗雕塑也就不再美丽了。

泰戈尔：没有错。

爱因斯坦：我同意你对美的看法，但真理这部分不能认同。

泰戈尔：为什么？真理也是透过人才体现的。

爱因斯坦：我无法证明我的看法正确，但那是我的宗教。

泰戈尔：美蕴藏在追寻完美和谐的理想中，完美和谐存在于普世万物之中；真理是对于全体心智的完美理解。个体从自身的错误和挫折、经验累积以及感悟当中，逐渐趋近真理。除此之外，我们如何能认识真理？

爱因斯坦：我虽然无法用科学的方法证明真理必须是独立于人类而存在，但我坚信这一点。举例来说，几何学当中的勾股定理大致说来是真实不虚的，我相信它不会因为人类存不存在而有所变化。不管怎么说，假设真的有独立于人类的现实，也会有相对于此现实的真理；同样的，否认前者将会导致对后者存在的否定。

泰戈尔：体现于普世之人的真理，本质上必须是人的真理，否则的话，个体理解为真的结果都没办法被称为真理——至少是那些被视为科学的真理，它只能用逻辑推演出来，换句话说，是运用人类的思考器官想出来的结果。印度哲学体系中的绝对真理，脱离了个别心智便无法被理解，也无法仅用言语表达；个体只有完全融入梵天的无限才能够理解。但这样的真理不属于科学。我们此刻讨论真理的本质，是一种表象，它对人的心智而言为真，因此必然是人的真理，或许可称之为幻觉（má yá）。

爱因斯坦：那么根据你的看法，或许也是印度的观点，真理不是个体的幻觉，而是全人类的幻觉。

泰戈尔：在科学领域里面，我们的训练是消除个体心智的局限，迈向普世之人的心智所理解的真理。

爱因斯坦：问题在于真理是否能脱离我们的意识。

泰戈尔：我们所谓的真理，存在于主观现实与客观现实之间的理性和谐，这两者都属于那位超越个体之人。

爱因斯坦：即使在日常生活中，我们也会把一些东西视为独立于人的现实，这是因为我们希望合理地把不同的感官经验串连起来。比方说，即使屋子里空无一人，那张桌子依然留在那个地方。

泰戈尔：没错，它虽然没有留在个人的心智内，却未脱离普世之人的感知范围。跟我的感知力一样的感知力，也能意识到我所意识到的桌子。

爱因斯坦：相信真理独立于人类而存在，是自然发生的观念，没办法去解释或证明。任何人，即便是原始人，都抱持这样的信念。我们认为真理具有超乎人类的客观性；这种与人的存在、经验和心智分离的现实是必须的，尽管我们说不出所以然。

泰戈尔：经过科学的证明，以固体形态出现在我们眼前的桌子，实际上只是表象。因此，如果人的心智不存在，依靠心智所感知的桌子就不会存在。我们必须明白，桌子的基本物理现实只不过是无数分散旋转的电力集合而成，而人的心智也接受这个事实。在理解真理方面，普世人类的心智永远都与局限在个体当中的心智发生冲突。这两者不断的和解过程，透过我们的科学、哲学和伦理学传承下来。无论如何，如果有任何完全无涉人类的真理，它对我们而言绝对是不存在的。

有些事件的连续性存在于时间而不在空间，比方说音乐，这并不难想象。如果心智对于现实的概念是类似音乐的概念，那么毕氏几何学就失去了意义。白纸的现实与文学的现实截然不同。对于吃纸的蛀虫来说，文学是绝对不存在的；但对于人类来说，文学的价值远高于白纸。同样的，如果有什么与人的感觉或理性无关的真理，只要我们还身为人，这种真理就什么也不是。

爱因斯坦：这么看来，我比你更虔诚！

泰戈尔：我的宗教就在与至高无上者的和解中，在人类普世的精神中，也在我的个体存在里。这是我在希伯特讲座的演说主题：人的宗教。

附录二　孟加拉地区的包尔人

（包尔人世居北印度。以下这篇介绍是任教于平安居所★的克须堤·沈恩教授发表在校内季刊的文章。）

包尔（Baül）源自梵语，原指人的个性鲁莽，之后用来指称不遵从社会规范、特立独行的人。纳拉哈里（Narahari）的诗也证实了这个名称的意涵。

我的兄弟，我因此成为狂妄的包尔人。
权威、训令、枪炮或礼教，我不屑一顾。
人为的界限无法阻挡我，
我只服膺爱带来的喜悦。
有了爱就没有分离，只有结合，
我以歌舞与世界同欢庆。

这几行诗同时也揭示这群人的重要理念。事实上，包尔人追求自由，想挣脱的不仅仅是各种形式上能轻易分辨的外在束缚，还包括内在欲望与喜恶形成的冲动。因此，他们认为人若要得到真正的自由，必须先让人的世俗部分死去，才能弃绝所有无关紧要的要求。一些具有伊斯兰倾向的包尔人称之为“生之死”（fana），这是苏菲派（Sufis）用来指称人与至高无上者合而为一的用语。包尔人相信真爱不能与任何形式的强制或冲动并存。只要一天不摆脱依赖，就不可能获得真正的自由。爱是生命的财富，这种财富是超越需求的。从艰深而实用的政治学到晦涩抽象的形而上学，印度在每一个领域都发挥绝佳的创造力。然而，这些成就不管是分开或合起来看，都不足以构成印度独特的才华；没有一项能让印度展现她的高度，或是触及她最深的丰富内涵。只有当我们进入性灵、了悟神性的范畴，才会理解最接近原貌的自然，以及印度人的境界与智慧；印度人正是在这样的真理归属之中生活与行动。

包尔教派的成员有人定居某地，有人则四处流浪，共同点是一概不承认任何的阶级或种姓之分，不崇拜特定神祇，也不兴建或造访庙宇或圣地。他们会在宗教庆典（主要是毗湿奴节）时择地集体庆祝，但不会走进任何寺庙。他们也不会在礼拜或冥想的地点摆设神像或具有宗教意涵的符号。只有一些专供地位崇高的大师或教徒使用的地方，他们会细心维护，但绝不会在那里行任何祭祀或敬拜的动作。他们欢迎被印度教徒和伊斯兰教徒视为阶级低下的人加入他们的行列，也因此这两派教徒对包尔人都抱着鄙视的态度。包尔人对庙宇的排斥可能来自于地位低贱的教友被排拒在庙门之外的经验。他们表示，至高之神的住所正是人类的身体，所以人还需要什么圣殿？人的肉体常被多数宗教所刻意忽略，但对包尔教派来说，人的肉体即圣殿，是最神圣的所在。包尔人透过这样的信念来彰显人的尊严。

印度古诗人卡比尔（Kabir）、锡克教大师那纳克（Nanak）、神秘主义诗人拉维达斯（Ravidas）和悟道大师达杜（Dadu）及其门徒，俱称身体即神殿之所在，身体代表至尊至大所在的缩影宇宙。

卡比尔说：

> 此身即为天堂乐园；七大洋与万点繁星尽在其间；造物主在此显现。（I.101.）

达杜说：

> 身体是我的经典；至慈至仁者在此为我写下神旨。

拉贾（Rajab，达杜的伊斯兰信徒）说：

> 虔诚信徒的心是篆刻生命经典的书页。可叹阅读之人寥寥无几，对内心的启示充耳不闻。

印度人多以不同的蓄发或蓄须型态来象征各自所属的教派或

地位。包尔人不愿意被错误归类，便任由头部和脸部的毛发自由生长。他们认为简单最好，这点与锡克教徒类似。

但包尔人不认同衣衫不整或裸露身体的行为。根据他们的说法，全身上下应该用端庄的方式遮掩，所以他们习惯着长袍。假使买不起新衣，他们也会想办法搜集碎布，用拼布的方式做成衣裳。所以从外观看，他们又与遁世云游的苦行修士不同，倒像是佛教僧侣。

包尔人不主张离群索居或抛弃与任何人或事的关系；证悟的途径是与天神和神迹的合一、忠诚与交流，这是他们的中心思想。他们解释，人之所以无法体认神的殿堂存在于肉体生命中，是因为心中的灯还没被点亮。只要具有真正的洞察力，便能看清楚每个人身上都有一座敬拜天神并传递思想的神殿。倘若生出鄙视心，真理就无法传递。因此人必须仔细探察他人身上闪耀的神圣光亮，如果看不出来，觉得黑暗一片，那只是因为你自己缺乏这份洞察力。

针对这点，卡比尔就提到：

> 每一处都有光；目盲之人才看不见。只要仔细看，最后定能察觉，那块遮蔽世界的黑布终会裂为碎片。（II. 33）
>
> 信徒说目标仍在远方，是因为他并未进入共享与交流的境界。（II. 34）

我们可以看到，包尔人的言论与中古时期北印人有许多共通性。不同的是包尔人没有发展出任何的阶级制度或宗教组织，也因此在孟加拉地区的包尔人一直保持着心智上的独立自主，足以抗拒任何限制心灵的行动。他们的诗歌展现的勇气和词藻的优美，都是独一无二的。可惜现今的大环境对他们的生存十分不利，他们不是面临绝迹的风险，便是被迫放弃自己的特质。在包尔文化彻底从这个世界消失之前，若没有把他们的事迹记录下来，将是令人遗憾的一大损失。

包尔人认为他们的追随者来自印度教与伊斯兰教各教派或种姓，然而大部分还是来自社会底层。除此之外，他们不会用其他的身份来自我介绍，只说他们是包尔人。这群人不承认任何社会或宗教仪式，只喜爱生命中不断变动的际遇。他们采用难以形容的韵律与曲调作成诗歌，借此捕捉生命的意涵。

这些诗歌在师徒间一代一代地传承，有才华的门徒也可以自创。如前所述，包尔人的文化传统都没有文字记载。每当有人问问题，他们总是可以唱出一首刚好足以回应的歌。问他们原因，他们便说："我们就像鸟儿，不用脚走路，而是用翅膀飞翔。"

在比克蓝普（Bikrampur）有位名叫雀古·塔库儿（Chhaku Thakur）的婆罗门，因为追随了某位低种姓包尔人而遭到整个氏族的驱逐。有人警告他要注意言行以免引发大规模的诋毁，他的回应也是一首歌：

就让他们随心所欲，说出想说的话吧，

我选择走上那条简单的路，无所畏惧。芒果的种子会长成芒果树，而不是李子树。我的种子会长出真正的我——一切荣耀归于恩师！

包尔人最崇尚的价值是爱。曾经有个毗湿奴教信徒问一名包尔人，他是否知道毗湿奴经典中列出的几类情爱。后者答道："像我这样没读书的文盲，要知道什么经典？"于是毗湿奴教信徒自告奋勇把那一段经文念给他听，他也耐着性子听下去。听完之后问他的意见，他唱起下面这首歌：

我说啊，一名金匠来到花园，
当然，他赞叹莲花之美，
赞叹的方式是拿花去磨试金石！

高种姓人士成为包尔人的例子相当罕见。如果有人这么做，他们的地位会降到跟其他人一样。但他们反驳说："船的下层甲板难道会比上层甲板更不重要吗？"

有一回我坐在比克蓝普的河岸上，身旁是一名包尔人。我问他："老爹啊，为什么你们不想留下一些历史记录给子孙使用呢？"他说："我们崇尚简朴，所以身后不留东西。"退潮了，河床上几乎没有水，只看到几个船夫在泥泞的河道上推着船。包尔人接着说：“在涨潮的河面上航行的船，会留下痕迹吗？这些不得已在缺水河道上工作的船夫，要知道什么简单之道呢？真正该努力的，是让自己在信仰的潮水中与其他同道顺势流动，使彼此的精神与信仰交融。包尔人涵盖众多阶级，但全都是包尔人，没有其他的成就，也不会有历史。所有的河水注入恒河之后便成为恒河的一部分，所以我们也要让自己消失在共同的水道当中，否则这条大河就不存在了！”

另一名包尔人被问到为什么不遵循经典时，他答道：“难道我们要像狗一样去舔舐其他人留下来的东西？勇者因自身能量带来的成果感到欣慰，他们创造自己的庆典。那些懦弱无能的人没有自我肯定的力量，只能依靠前人的遗物。他们担心未来没有可庆祝之事，便费心捡拾祖先抛下的断简残篇供日后运用。他们不知道如何为自己创造，只求赞美过去的光辉岁月。”

如果你想认识那位至圣之人，
必须从简单做起。
你必须进入那简单之境。
循着人类成就之路前行的追寻者，
从众之人拾起虚妄的稻穗，
从实际当中能得到何许新意？
这就不难想象，有思考能力的人会讨厌历史了！

我们已经注意到，包尔人跟所有崇尚自然简朴的人一样，并未建立圣地或朝圣的观念，他们只有在宗教节日集会欢庆。如果你问他们，会得到这样的回答：

> 我们只会留在船夫招呼所及的近处，以便随时听到他们的呼唤，这样我们才能知道这条船正确地漂流在自然的河道上。

对他们来说，有价值的并不是以前说过或做过什么，而是有生命的人性触动。下面这首歌反映出包尔人对于朝圣的看法：

> 我的心，我不去麦加或麦地那，
> 你看哪，我一直守着朋友，
> 若远走他方，看不清祂的脸，我会发狂。
> 在清真寺、庙宇或宗教节日，不会有祈祷礼拜，
> 在麦加和湿婆神庙的每一步、每一刻都圣洁。

假使询问包尔人，他的教派出现在哪一段历史期间，他会回答说："世上只有人为的宗教才会受时间所限。我们的自然宗教无远弗届，既没有开始也没有结束，它属于每一个世代。"根据这个看法，婆罗门教的《奥义书》和印度教的《往世书》（Puranas），甚至吠陀时代的经典，都是人为、不自然的。

这个自然教派的信徒相信现世的宗教体验。他们提出真理的

无生命和有生命两个面向。单独存在的真理对人没有用处，只有体现在活生生的人身上，它的价值才会无限提升。包尔人认为死气沉沉的真理转为生气蓬勃的过程，好比草料被牛吃下肚后变成鲜乳，或者像僵直不动的树木结出甜美的果实。有能力赋予真理生命力的人就是宗师（Guru），因此他们具有特殊的崇高地位。永恒而无所不在的真理只有透过亲身体验才会降临。

包尔人说时间与空间都该留白。神在人的内心保存一处留白的用意，是为了展现祂的爱。智慧博学的人们因为发现梵天之中的“那个”，也就是终极本质，便感到心满意足。然而，包尔人不想当梵学家，没有兴趣穷究所谓的“那个”，他们只对“人”感兴趣。所以包尔人信仰中的神是“心中之人”（Maner manush），有时候也简略以“神我”（purush）称之。人们一次又一次地在混乱中失去心中之人，但由于祂是出自内心，因此世间的欢愉并不会让祂回来或起任何作用。包尔人心之所系，就在找出这位神我。他们唱着：

> 噢，我该去哪儿找到祂，心中之人？
> 唉，我在失去祂的那一刻起开始流浪，
> 四处寻找祂的踪迹。

与心中之人分离使人感到极度痛苦，即使靠着学习或哲学思考也难以宽慰：

噢，这些字词语汇不属于我的心灵，

我的心必须找到那位至高无上之人。

一日没有祂，内心的饥渴便一日难解。

我快发狂了；失去祂我便失去方向；

为了祂，我抛下世界；除了毗沙之外无人愿意事奉。

毗沙是一名低种姓的普尔马利族人（Bhuin-mali），是渔夫巴剌（Bala）的门生。

《吠陀经》当中的《原人赞歌》（Purusha-sukta）曾提过崇拜至高无上者的教派，也是介绍此教派的唯一文献（A.V. 19.6）。中世纪的北印度信徒比较能自由表述。这些目不识丁、不见容于社会的底层人群，在生命中顺应自然所信奉的神祇，因为受到学术界与宗教界的思想和形式体系等等诸多因素的影响，反而变得不易理解。

包尔人不认同经典中的“阿凡达”（avatar，天神化身下凡）这个概念，他们以歌唱来表达：

所有的创造物在我们眼中，都是自己的阿凡达。

有关祂的做法，你能教给我们什么？祂总能施展新颖的手法。

卡比尔也这么说：

所有人都明白永生，只有信奉者在独处时认得出祂。

有个包尔人被问到，为什么他的长衫不是苦行僧的赭色？他的回答竟让我一位朋友大感惊艳：

如果颜色不是从内在透出来，又怎能显露在外？在水果的表面上色，就能让水果得到成熟的甜美滋味吗？

包尔人极度不认同以外在条件来区别人类；居住在北印度的信徒也接纳这个观念，这点我曾经提过。

历经数世纪之久的二元论与一元论之争，因为这群坚持走在爱的路上的吟游诗人，竟然轻易地解决了！包尔人相信爱是最简单的努力，所以要去爱这份自然存在的亲密关系。他们说："以爱为名，永远是二，永远合一。"也就是说，在爱当中，无须失去自我亦能达到合一。

为了体现个体与神相互的爱，物质世界与精神世界、外在要求与内在呼唤之间的对抗，同样也需要和解。包尔人相信神即爱的化身，足以调和内在与外在的发展取向，使两者同步并进。

卡比尔说：

倘若我们说祂只属于内在，那么整个宇宙将感到羞愧。

倘若我们说祂只属于外在，这也不对。
祂的双脚，平均立于生命与无生命两边，
祂消弭了内在与外在世界的隔阂。

身体和宇宙的内在关系有赖于灵性的修习，这称为卡亚沙丹（Kaya Sadhan），意思是借由身体来实现。

包尔人修习卡亚沙丹的其中一式叫作乌达斯洛塔（Urdha-srota），意思是水往上流。水往下流是普遍的物理法则，但生命肇始之际却是依循逆法则。种子发芽时，富含营养的汁液会向上输送，不管枝芽长得多高，这道液体的流动就能上升多高。人类的生命也是一样。人的欲望往下流向动物界，灵性的扩展则是往上趋向光明。

动物界（Jiva）的流动必须被转为神界（Shiva）的流动。所有的流动皆以自我为中心环绕着，必须借由爱的力量引动。达杜之女娜妮玛塔（Nanimata）说：

我的生命如同漂浮在溪流上的灯火，
它要带我去哪儿？
圣洁如何征服肉体的？
向下流动的潮水该如何转向？
点起灯，当灯油顺着灯芯往上流动时，
身体的渴望便轻易地浇熄。

《胜论瑜伽经》（Yoga Vasistha）告诉世人：

> 不洁的欲望与世俗绑在一块儿，纯净的欲望带来解脱。

《阿闼婆吠陀经》也讨论了欲望之流的反转（X.2.9；2.34），印度人称之为从粗鄙（sthula）到美好（sukshma）的转换。包尔人这么吟咏：

> 爱是珍贵的触碰，一触即把欲望转为奉献；
> 人间渴望成为天堂，人希望成佛。

泰戈尔在其著作《破碎的连接》（Broken Ties）中则提出反转的另一个面相，他说："假使我顺着祂走向我的方向继续行走，那么我将离祂愈来愈远。只有往相反的方向前行，我俩才会相遇。祂喜爱形式，所以祂继续朝着有形的方向往下走。我们不能单靠形式而活，所以必须面对着祂的无形往上攀。祂是自由的，所以祂的戏码在枷锁中上演。我们被捆绑，所以我们在自由中找到欢喜。一切悲苦皆因我们不了解这个道理。唱歌的人因欢喜而唱；听歌的人因听到歌声而欢喜。一人从自由走入牢狱，另一人从牢狱走向自由；这是他们彼此分享的基础。祂唱着歌，而我们仔细听着。当祂对我们唱着歌时，祂捆绑了我们，我们在倾听时，我们便从捆绑中挣脱。”

中世纪的印度信徒也抱持这样的观念。

崇尚简单自然之道的人只是单纯地追求神我合一的至喜。世俗欲望被认为是修习过程中的最大阻碍。根据包尔人所述，为了消除欲望，有智慧的宗师并不建议追随者放弃世间的美好，而是开大门让更崇高的自我智慧进来。因此卡比尔说：

我不会把眼睛闭上、把耳朵捂住，或折磨我的身体。

但我横越的每一条路都成为朝圣之路，

不论我从事什么，都变成贡献。

单纯的实现才是王道。

简单之道引领它的信徒，自然而然地领会生意盎然的人性真义。

拉贾说：

全世界尽为吠陀经，所有创造物即为可兰经。为何辛苦读经，拉贾！

从宇宙撷取新鲜的智慧。永恒的智慧在百万人群中闪耀光芒。

包尔人唱着：

简单之道是三千万条弦合奏而成的交响曲。

将世间万物拥抱入怀；让自己沉浸于永恒乐音中。

接下来我再引用几首包尔人所做的诗歌来做结论，虽不易理解，但作品宗旨是不变的。

来自那玛苏德拉族（Namasudra）的甘噶蓝（Gangaram）说：

当你理解有限与无限，

在瞬息之间交融为一，

你便能掐指计算千千万万年，

在一世纪计算每分每秒，

在每分每秒里发现一世纪，

一滴一汪洋，一沙一世界，

当你顺应自然，跳脱争论和算计，

你将尝到珍贵的第五元素。

与其终日盲目追寻，

噢，甘噶蓝，单纯生活吧，所有疑虑将消失殆尽。

巴剌之徒毗沙说：

简单之人安居在我的心中乐园，

唉，我是如何失去祂？何时失去祂？

在家、在外，我难以平静。

冥思和数念珠、祈祷和工作，

追寻未曾停歇；

若非简单之人亲临，

一切对我毫无用处；

抗拒也于事无补。

毗沙的心明白了，

以祂的简单之道，上锁的门也能开启。

“兄弟你听，人的真理是最高真理，再无其他能超越。”千地达斯（Chandidas）如是说。

★ 译者按：Santiniketan，泰戈尔所创办的学校。

附录三　达杜与形体之谜

（本文摘自克须堤·沈恩教授发表于《国际大学季刊》〔Visvabharati Quarterly〕之著作。）

人类的语言大都用来分析有限世界的各种现象；然而，语言偶尔还是会给我们带来无限世界的惊鸿一瞥，这是人的心灵穿越物质高墙缝隙的发现。我们用智力可以算出玫瑰有几片花瓣、做香味的分类，也能描述花的颜色，但只有在赏花时才能领会花的整体和谐之美。

智力带给我们的，最多也就是片段的认知。预言家虽然饱受科学家与哲学家嘲弄，但他们令人惊叹的洞察力却足以让我们看清事物最完整的真相。当我们看见整体，就不会去计较细节、数目、类别或区分，因为我们已经进入灵性的境界。此时我们体现的真理是用喜悦的强度来衡量。

这种言语难以形容的喜悦，意义何在？我们运用智力理解的一切仍属于外在，而对于事物整体性的洞察力，需要人们对自我内在一致性的体认，也需要对两者相互关系的体认。我们可能因为拥有大量知识感到自豪，但只有彻底了解自己与至高无上者的关系有多么亲近时，才会发自内心地微笑。当我们对共同体的存在以及我们自己在这个和谐关系中的角色有所领悟时，这就是美。

透过大自然之美、人性的良善，或者牺牲奉献的精神，我们短暂地感受至尊圣灵（Supreme Soul），继而接受祂所赐予的莫大喜悦。或许也可以说，当我们在自然、艺术或事奉里意识到祂的那一刻，美就在我们面前闪耀。不论我们在什么时机碰触到祂，所有争端都会消失，只要有爱与美，真理就在不远处，这三者是无法分割的。真理一现身，我们便沐浴在喜悦中。

人对喜悦的领会是立即发生的，它令人感到别无所求，这是一种最初也是最终的感受。当喜悦发自内心，充满心灵，外在世界的任何事物便不会引起我们的欲望。我们都知道，喜悦是衡量美好的综合指标，这是个简洁有力的指标。事物有多么美好都依照我们得到喜悦的程度来判断，其他的分析都不必要。我们沉浸在喜悦之中，不仅察觉了一致性，还看到它的起点，这是因为美让我们认识神，神的万丈光芒与悦耳旋律都透过美的展现投射到我们身上；若非如此，一切都将失去意义，像是社会组织、文明、人道精神等等，而人类的进程可能在满足兽性需求，毫无节制的行为当中画下句点。

人的领悟力是有限的。直接理解万物合一的能力更不是人人都具备。部分的觉知力我们是有的，比方说理解一朵花或一个人；然而，每个人都有潜在能力，加以修炼后会增强这份觉知，最后可以彻底感受并体现至尊圣灵。

这些来自圣灵和无穷世界的信息无法用文字描述，又是透过谁传递给我们的呢？答案不是君主或哲学家，而是那些穷苦、没受过教育、被瞧不起的人。他们以坚决的信念将人们从智力的荒漠带进性灵的天堂！

互不兼容的形而上学一元论与二元论，曾经同时声称世界为摩耶幻象，接着又拉抬补鞋匠、织布工和缝纫工等社会底层卑微工人的地位，将所有知识分子提出的定理斥为无稽之谈；其实这些形上学家并没有以内观的方式看待世间一切事物，殊不知真与爱、美与喜，是满溢于天地之间。

悟道大师达杜、神秘主义诗人拉维达斯、古印度诗人卡比尔和锡克教大师那纳克都不是苦行者；他们不鼓吹贫穷或遗世独立，只是揭开表象面纱，窥见了梵我合一的诗人。他们见到的那个世界，连神也是诗人，而且没有逻辑批判的质疑目光。他们跟不用言语表达喜悦的小婴孩一样，单纯享受眼见神的显现，耳听美妙仙乐的狂喜。

我们其实是从这群人身上得到真相，而非透过科学家或哲学家。至尊圣灵单独存在，我的灵魂也独立存在，但两者若不能并行，所有可怕的灾难都将降临，导致混沌的虚无一片。即便神拥有源源不绝的欢乐，祂依然需要我因祂而欢喜；只有当我们相遇，最完整的实相才会现身。

达杜说：“当我注视宇宙之美，我不禁要问，‘神啊，你是如何创造这世界？是什么样的喜悦浪潮突然涌现？难道是出于表现自我的欲望，抑或一时激动？或者只是耽溺于形体的游戏？这个游戏令你开心；或者它使你开始感受与生俱来的欢愉？’噢，这些疑问怎能用言语来回答呢？只有知道的人能了解。”

在另一个场合，达杜表示：“为何不走向这位造就奇迹之人，然后提问：‘是否能用你自己的方式让人明了，由一而多的奥妙如何促成？’当我将创造物视为形体之美，我只看到形体与美。当我将其视为生命，我见处处是生命。当我将其视为梵天，那么我将默然无语。当我将它与万物相连，它的多样性目不暇给。当我从灵魂深处望向它，它的多重面貌与至尊圣灵的美好交融。我的双眼于是成为梵天之眼，于是我用这双眼看见真实。”

眼睛看不到自己的脸，所以需要一面镜子。也就是说，脸与眼要保持一段距离，或者眼睛要离开脸的范围，一要分成二才行。脸的映像不是脸孔本身，该怎么做才能看到脸？

神在他的创造物当中映照出自己，因为祂无法将自身置于自己的无限之外，只能借由我的喜悦品尝祂自己的喜悦。也因此，信奉神之人恪守纯净生活，并非出于表面的清教主义，而是保留自己的灵魂作为神体验喜乐的游乐场。若不是因为神的投射，使祂的美好在宇宙现身，使追随者体会喜悦，祂也许永远无形也无色地存在于无限的虚空之中。

这便是玄义如此深奥难测的原因。不管我们宣称仅梵天为真，或仅宇宙为真，与真理的距离都一样遥远，因为真理的表现只能是“此与彼”，而不是“非此即彼”。

达杜也点出来了，“祂既不死也不生；既不去也不来；不安眠，不清醒；无欲无求。祂非你非我，非一非二。当我说万物唯一，却发现唯二；当我说有二，却又见到一。噢，达杜，别再费心，见祂是祂，就在你心中深处，停止无谓的想象和空言吧！”

达杜接着说：“当智性之泉喷发，文字滔滔不绝涌现；而心领神会之时，音乐才有一席之地。”当智性坦陈失败，文字失灵，因体悟而歌唱的喜悦便从心灵深处浮现。旋律能进入语言或文字达不到的地方；随着乐音，人可以透过神的目光，在神的欢宴中放开怀。

达杜赞叹：“这就是为什么，你的宇宙和你所创造的一切都如此吸引我；你的水、你的风，还有这片承载风与水的大地、山峦、大洋、冰封极地、炙热太阳。在大地、苍穹与天堂这三个地带，滋养各式各样的生命，因为有你的扶持和你的美好，我深深着迷。无人能看见、接近或猜透的你，有谁能一探究竟！达杜不想知道，只盼继续感受这份美好，与你共享喜乐，便心满意足，再无所求。”

将形体视为神展现爱的游乐场，并无贬抑之意。神既然创造感官，便不会让感官有所欠缺。“所以，”达杜表示，“让眼睛饱览缤纷色彩，让耳朵聆听乐声，让鼻子嗅出花香，一切都经过精心安排。”我们发现，身体向往灵魂，灵魂追求身体；花朵向往香气，香气追求花朵；言语向往真理，真理追求言语；形体向往理想，理想追求形体。这种相互渴望的背后是无法言喻的真实，在这个共同的基础下，每一种渴望都平添光彩。因此，达杜不必辛苦抗争，而是轻松地放开心胸，接受爱的拥抱，在永恒的春日时光中欢欣鼓舞。

每一个形体的载具，都被神以祂的无形填满而变得美好，这份美好最终归于神。因为神的爱，冷漠的人也能满足每颗奉献之心，让心充满温度，并将这股爱意为苍白贫乏的生命注入斑斓色彩。美丽的创造物以纯净之心，将其美好敬献给神，这种相互归属感还需要用文字来陈述吗？所以，达杜毫不犹豫地把最纯真、不受玷污的心、理性与灵魂，交给他至高无上的所爱。

也许有人不认同这个观点，认为形体总有一天会消失，不配代表永恒。关于这个论点，达杜应该会做如此回应：形体虽然转瞬即逝，但这对于敬神来说是助力而非阻力。回到根本来谈，形体是心灵的载具，也是心灵的延伸。美的召唤让我们接触原本遥不可及的真理，因为美就存在于真理当中。当死亡来临，我们也会了解，那正是生命的真理。

附录四　夜与晨

（本文为泰戈尔一九三〇年五月二十五日周日于英国牛津曼彻斯特学院附设礼拜堂所发表之演说全文。）

我父亲早年历经祖母离世，身心饱受创伤，生命顿时失去意义，周遭一切也随之失色。陷入痛苦的他亟欲探索真理。某日，一页因破旧而脱落的经文被轻风吹来，正好落在伤心欲绝的父亲面前，引起了他的注意。那是《自在奥义书》（Ishopanishad）的第一段文字，译文意义大致如下：

> 汝当明白，世上会动会变之事物必有神的足迹；弃绝一切，不贪图他人财物者，必享喜乐。

由此，我们应该知道，所有会动会变的一切都与那永恒的唯一真理有关联。这个观念让我们摒除占有的贪念，欣然将我们的所有献给至高真理。虚荣心和空虚感因为这层领悟而消散，心境也将大幅转变。

记得有一次搭船旅行，船驶到一处陌生的地方，我突然发现那是三条大河的交汇处。当时白日将尽，周遭景物很快被漆黑的夜色包围，四下一片静默，甚至显得荒芜。船夫们似乎被诡异的氛围影响而感到不安，强自按捺的焦虑也让我的思绪起伏不定。在夜晚的推波助澜下，这些感受不自觉地被放大了数倍。翌日，晨光降临，将缠绕终夜的烦忧一扫而空。事实上根本没什么，唯一不同的只是明亮的天空。

夜晚的静，仿佛下了一道暗黑通牒，虚空的深渊大口地把希望给吞没；早晨的宁静如慈母的微笑那样平和，好像轻声诉说："我在这儿！"我总算明白为什么鸟儿总是以唱歌来迎接早晨。因为天地以晨光的照拂来肯定它们的存在，因此鸟儿雀跃地高歌回应。另一方面，黑暗使人的存在陷入孤绝，而我们之所以害怕，是因为感觉自己存在的现实在暗夜里被限缩再限缩。我们对自身性格的认识隐含了积极的真理，它自然而然地从周遭环境找到调性相同的真理，然后两者产生了共鸣，建立和谐的关系，理解更多的真理，并甘愿为真理牺牲。

人类迥异于其他动物之处，在于人不靠抢夺或生理需求，而是透过牺牲奉献彰显自身的存在。随着牺牲奉献而来的创造力，让人们建立房屋、组织与文明。这说明了人类本能地知道积极的真理是无穷尽的，存在也因此取得最崇高的地位。不管我们是否露出卑鄙、贪婪或无耻的性格，我们的意识光谱都会有这些黑线；黑线代表我们对真理的理解出现极大的破绽，我们的理解还有盲点，世界的运作并不是遵照对立原则，而是以理想的实践精神为核心。

犯罪多半发生在天黑之后。这个现象不能简化解释为夜间犯罪不容易被他人目击。更深层的原因是，在黑暗中，时间的阴暗面会削弱人性的光明面。不管是受害人或自己，人在晚上感觉都不比在白天真实；而我们内心所缺乏的，却拼命想要往外寻找。在人类世界的任何角落，只要疏离感撤退，万物合一的亮光便会显现，这是亘古不变的肯定，印度人仅发出一声“嗡”（OM）便足以生动地说明这一点。合一的亮光出现，人要向善就很容易了，倒不是因为劣根性被钳制，而是人在明白自身存在的正面意义之后心生喜悦，同时也因为人的心不再被深不可测、失序的黑夜所绑架。

把这个概念应用在人与自己国家的关系上，可以做更具体的描述。一个人对祖国的看法一定具有积极的真实性，不会有阴暗邪恶的念头，不会胡乱猜忌、夸大恐惧或贪得无厌；因为祖国对他来说是明明白白、实实在在，令他欢喜的真实。怀抱如此强烈的真实感的人，必定能体会大我的存在，这个大我超脱形体，也超脱当下，人从大我得到的启发，就是牺牲奉献带来的无上喜乐。

在文明初始，人们因为地理环境的封闭而群聚。但少了内部人际关系，这群人只能说是消极的群聚，对个体来说可能还是不利的。个人充其量只是一群没有集体意识的群众之一，他只代表他自己，对他人缺乏信任感，对于看不顺眼的人不会掩饰厌恶，即使动手攻击也不会有丝毫犹豫。这种粗鄙原始的心态正是出自躲藏在黑暗中，以否定态度看待周遭一切的贫瘠灵魂。

但是，当相互认可的破晓来临，生命在清晨开始携手合作，那个神圣秘密，也就是开创性的合一精神，便赋予个人更大的真理，那个真理称为“人类”。当这些个体心悦诚服地顺从真实的人类精神，生命共同体的概念自此形成，开始了一代接一代的传承，虽然有时不见得所有人都意识到这点，但他们终究会沿袭这个精神，共同打造理想的未来。人类的和平依据人我关系形成的团结程度强弱而定。团结让他们发现某种超越时间、事物、生命与思想的崇高真理，于是他们的团结也纳入身边的环境元素，像是山川与溪流、舞动的旋律、各种形体与色彩、湛蓝的天空，以及玉米翠绿的嫩芽。

慢慢地，人们也体会到自己的存在隐含着微妙且复杂的特质。人的进展与完美建筑在互相依存的和谐关系上，而非一群人对彼此施加暴力，傲慢地宣称独立主权，这种独立只适合用在荒凉死寂的不毛之地。

个人主义的猖獗与人道精神是背道而驰的，前者源自原始的兽性，它压抑了人之所以为人的觉知力，也窄化人的精神层面。

在一个民族或一国疆域内实践的人道真理，在今日遭遇了外部的阻碍。科技的进步把世界各国的距离拉得愈来愈近，遗憾的是科技并没有带来有助于彼此理解的亮光，反而设下重重的实质障碍，阻挠集体慈悲心与同情心的成长。

但我不会愚蠢到谴责科技是物质主义的产物，这并非事实。

科学代表我们在知识体系中的明智与诚实、人与物质世界互动的基础，这是一种诚恳认真、富有某种神圣意义的事，足以启动人的牺牲与殉难精神。大家常挂在嘴边却又不总是信守的“诚实为上策”，科学界倒是奉为圭臬，而事实证明科学家的真诚，每每皆能使人群受益。只是，心怀不轨的人搭了科学进展的便车，利用不当手段挑起人类原始本能，引诱邪恶的意念，使民族之间的交会与彼此了解的脚步因此停了下来。每当我思考这个议题，就会想起彼时在三川汇流之处感受到的巨大恐怖，来自黑暗宇宙的威胁让我无法招架。夜晚使人感觉变得迟钝，它总是悄然笼罩着人群，营造虚幻不实的景象。对他人的猜忌是原始而粗鄙的人性，现今全球各地充斥着这样的氛围，提供侵略式个人主义孳生的温床，导致了野蛮行为、贪婪与冷酷，加害人对于残害人道的恶行却依然夸夸其谈。

那些趁夜进行掠夺破坏的人，大言不惭地主张这些性格是人类不变的天性，而道德是少数人的看法，因为竞争才是所有生物的本能。

令我不解的是，人们试图超越与突破体能极限的梦想，会被广为赞许，甚至有人发出登陆外星球的豪语，也不会被嘲笑；既然如此，为什么人一定得自我羞辱，认为我们已经抵达道德的尽头？看起来愈不可能的事，表示我们愈得尽力去做；要知道我们必须相信完美才能铺出走向完美的路，也要相信外在的合一必须升华为内在的合一，才能照亮永生之人的真理。

各国无法坦诚互信，除了因为不断地猜忌，也因为各自的业；过去的所做所为再加上前人在更早之前造下的业。他们不知道从狭隘的历史束缚中形塑出的心态，无法带领他们走向更宽广的未来，还死抱着一些诸如战争永远不会消失、弱肉强食有其道德正当性等傲慢无知的言行。有些人对于过去犯下的错误，企图借由持续犯行作为正当化的途径，就像疾病转成慢性病一样，他们当然也不忘对踩刹车的建议嗤之以鼻并发动攻击。过去的恶灵挥之不去，死人霸占活人的脑袋，夜夜纠缠着彼此疏离的国家，使夜晚的人们更加看不清各自的脸和神情。

很可惜，我们印度人没有机会发挥我们最好的一面，与世上的强权国家建立融洽关系，任凭大国把大量资源浪费在恫吓和虚张声势以提高竞争优势的计划上。已经有人发出语重心长的呼吁，希望让圣洁的真理之光照进酝酿政治恶梦的黑暗时刻。这些呼吁传递“神无所不在”的消息，并告诫我们放下贪念，戒除欲望，才能得到精神富足和真理的力量，使我们不再追求虚幻的权力，而是追求理想的实践，继而获得永久和平，以及人心的合而为一。只是印度至今从未得到实践理想的机会。但至少我们还保有自己的人性呼唤，这是真理的要件。传递真理的信差们跨越了时代、跨越大洋与历史的障碍，携手合作，将人类从昏昧而冷漠的无明状态，提升为四海之内皆兄弟的生命共同体。我们虽然只是微不足道的个体，可能来自世界任何一个角落，但每个人都该一点一滴地贡献觉知之光，使光芒普照世间。我请求各位与我合作来达成这项目标，不光是因为众志可以成城，更是因为合作本身就是真理最佳的展现；它既是手段，也是目的。

让我们坚信心灵渴望合一的真实，即便数学逻辑无法提出证明。那么，不妨用行动来证明我们早已接收到这项信息，并准备付诸实现，就像一首歌需要歌手练习之后再唱出来，就像只要把窗帘拉开、敞开大门就能迎接早晨。

印度古文学相当重视“千年之禧”这个概念，利用许多传说来支撑并丰富它的内涵。等待破壳而出的小鸡，隐约感受到蛋壳外面的世界拥有无限自由，比蛋壳内的小世界来得真实。如果小鸡信奉不可知主义，它自然会有所怀疑，不能肯定外面的世界是否存在，可是它啄蛋壳的动作不会有一刻停止。人的灵魂虽然受到各种局限，却一样渴望千年之禧，追寻看似不可得的自由解放；经常出现的灵感也向我们证明，所有真、善、美的体验都是真真切切的存在。

有鉴于此，《奥义书》说：“汝当明白，世上会动会变之事物必有神的足迹；弃绝一切，不贪图他人财物者，必享喜乐。”

祂是唯一，祂将合一的渴求交付到每个时代的每个人心中，
那是一切的起点与终点。
愿祂以真理、友爱和公理正义，
让我们团结在一起。

附录五　东方文明的危机

（本文为泰戈尔1924年4月18日在中国上海各团体欢迎会上的演讲全文，载于《文学周报》第118期，1924年4月21日。）

朋友们，我的一生，在青年时代的光阴，几乎全消磨在恒河两岸。在那里对着流水而默想，在野鸭群中，得着了诗的灵感和思想。所以见着山水风鸟，都异常亲切而自然。却最怕在大庭广众之间，立在高高的坛上对人演讲。因为这样，往往觉得心思窒塞，不能自然地流吐出来。

至于我对于中国的观念，虽然早知道中国是个文明古国，曾有很悠久的历史，但是中国最初吸引我的魔力，是从印度大诗人迦梨陀婆的戏曲名《沙恭达罗》而引起。其中有一节，描画旗下飘动着的流苏，这流苏即是中国的丝做的。所以每想起风吹着流苏飘动的时候，便使我理想中得着中国文化的很深的印象，以为中国是一个奇异的浪漫的国家，早想亲来一游，却到今天才成事实。

印度和中国本来有极深切的关系，佛教便是由印度传入中国的。印度将佛教当作一件良己文化的礼品，赠给中国，中国也乐于收受它，便取得了一种牺牲和博爱的精神，作两国文化互换的机缘。也许，就地理上、人种上的关系说，还有别的国家比中国更为密切，但是就思想的关系上，要算印度与中国最密切了。

我这次来，恰值中国危难多事的日子，种种困苦，我都知道而且感动。我以一个诗人的资格，原不能有所帮助，但我愿意替中国祈祷，希望他将来能脱离苦厄，而入平安的境域。

所以我此番到中国，并非是旅行家的态度，为瞻仰风景而来；也并非是一个传教者，带着什么福音；只不过是为东道而来罢了。好像一种进香人，来对中国的古文化行敬礼，所持的仅是敬爱数字。

我到中国之后，仿佛是在一所古庙里面，看见背后有无量的牺牲的精神。这使得我心中深受感动，觉得这样伟大的文化令人肃然起敬。不幸我第一处便来上海这地方，使我颇生出不很愉快的感想，因为竟看不出一点点的中华文化的精神。无价的精神，都渐渐化成贱价的物质的死的现象了，这是非常可为悲痛的。譬如我从上海到杭州去，沿路都是稻田，它是能给我们以生命的，以此为文化的比喻，便是真正的文化是能给我们以生命的，但现在文化的园地里面，损害的野草蔓延过来而坏文化的根芽了。野草越滋蔓，那稻田的危险也愈大。如今中国充满道德的、美术的、情感的矛盾，稻田里受野草蔓延的危险也正是一样。

只看现在的工业主义、物质主义，仿佛一块大石，在碧柔的草上播滚，所向无不压伤，而这种牺牲所得的结果，也只不过如美国人所说的Efflclency而已……

如今是一个可悲的时代，一切真的情感都逐渐消灭了。我们不得不采用他们的方式，来防御他们，而这样的结果损失了些什么，便是萎伤了活的生命，而换来了无生态的系统、方法、组织、公司，等等，只有一种好的外貌，而实在的价值几乎等于零。

物质主义的侵入，我们诚然不能抵抗，可是如果我们迷信它，甘愿将活的精神，埋没了去换死的空壳的物质，又哪里值得呢?

朋友们！大家须及早觉悟呵！我真诚地提示警觉你们，等到感受着灰死的无味的苦痛时，再回想着一切有生命有生趣的精神的快乐，那时便要来不及了！因为真正有价之物，是不能复活的。

附录六　泰戈尔经典诗歌语录

1

天空没有翅膀的痕迹，但我已飞过。

2

生如夏花之绚烂，死如秋叶之静美。

3

世界上最遥远的距离，不是生与死的距离，而是我就站在你的面前，你却不知道我爱你。

4

眼睛为她下着雨，心却为她打着伞，这就是爱情。

5

世界以痛吻我，要我报之以歌。

6

也许所有的初恋都一样，它只是为后来的恋爱当一个序幕而已。

7

长日尽处，我站在你的面前，你将看到我的伤痕，知道我曾经受伤，也曾经痊愈。

8

爱是亘古长明的灯塔，它定睛望着风暴却不动声色，爱就是充实了的生命，正如盛满了酒的酒杯。

9

尘土受到损辱，却以她的花朵来报答。

10

暗恋对于爱情，是一朵戴错地方的山茶花。虽然美好，却不合时宜。

11

只有经历过地狱般的磨砺，才能练就创造天堂的力量；

只有流过血的手指，才能弹出世间的绝响。

12

不要着急，最好的总会在最不经意的时候出现。

13

当我们谦卑时，便是最接近伟大之时。

14

我把那些已逝去的尘世繁荣带到我的世界中。

15

瓶中之水透明，海中之水幽暗。

小道理可用文字说清楚，

大道理却只有伟大的沉默。

16

若你因错过太阳而落泪，你也将错过星辰。

17

鸟儿愿为一朵云，云儿愿为一只鸟。

18

黄昏的天空，对我意味着的是一扇窗，一盏油灯，以及一份窗前灯后的等待。

19

尘世上那些爱我的人，用尽方法拉住我。

你的爱就不是那样，你的爱比他们的伟大得多，你让我自由。

20

我将一次又一次地死去，来证明生命是无穷无尽的。

21

我们的生命不是那个旧的负担，我们的道路不是那条冗长的旅程。

22

每个孩子的诞生，都透露出上帝尚未对人失望的信息。

23

我投射我自己的影子在我的路上，因为我有一盏还没有点燃起来的明灯。

24

人并非在历史中呈现自己，而是挣扎着走过历史。

25

让死者有那不朽的名，但让生者有那不朽的爱。

26

旅客要在每个生人门口敲叩，才能敲到自己的家门，人要在外面到处漂流，最后才能走到最深的内殿。

27

上帝在创造中，发现了自己。

28

倘若你不言语，我将把你的静默充满我的心，忍受着它。我将一直静静地等待，像夜空在星光中无眠，耐心地低垂着它的头。

29

不必逗留采摘并保存鲜花，而要继续前行，鲜花会在你所有的道路上兀自绽放。

30

生命注满了爱，正如酒杯斟满了酒。

31

黑夜默默地绽放花朵，把赞美留给白昼。

32

我不住地凝望渺远的阴空，我的心和不宁的风一同彷徨悲叹。

33

孩子永住在不老时间的神秘里，历史的尘埃无法将他蒙蔽。

34

白驹过隙，将梦想藏在裙子里。

35

寂静在喧嚣里低头不语，沉默在黑夜里与目光结交，于是，我们看错了世界，却说世界欺骗了我们。

36

信念是鸟，它在黎明仍然黑暗之际，感觉到了光明，唱出了歌。

37

太阳在西方落下时，他的早晨的东方已静悄悄地站在他面前。

38

刹那的闪电，
将我的视线拖进黑暗的深渊。
我的心摸索着前行，
寻找那夜之音召唤我的地方。

39

让我的爱像阳光一样包围着你，又给以你光辉灿烂的自由。

40

尽管天空把大地新娘抱在怀里，天空总是无限遥远。

41

当我想到我的时间的终点，时间的隔栏便破裂了。

42

采到了花瓣，却得不到花的美丽。

43

我生活在和他相会的希望中，但这相会的日子还没有来到。

44

我在脆弱的独木舟里挣扎着越过绝望之海，却忘了自己也在玩一个游戏。

45

生命如远渡重洋，我们相遇在同一条小船上。

死亡是彼岸，我们各归于他处。

46

让只看到玫瑰花的人也看看它的刺。

47

在耗尽之后结束的是死亡，但在无限中结束的，才是完美。

48

不要因为峭壁是高的，便让你的爱情坐在峭壁上。

49

夜的寂静，像一盏孤灯，将银河的星辉点燃。

50

错误经不起失败，但是真理却不怕失败。

51

世间无净土，你心在何处?

52

我们的生命是天赋的，我们唯有献出生命，才能得到生命。

53

最好的东西不是独来的，它伴了所有的东西同来。

54

我们的欲望把彩虹的颜色借给那只不过是云雾的人生。

55

你微微笑着，不发一语。我知道，这是我等待许久的一刻。

56

时光像海浪般的翻涌，激荡着欢乐与悲哀。

57

荣誉使我感到惭愧，因为我在暗地里乞求着它。

58

人是一个初生的孩子，他的力量，就是生长的力量。

59

用不着到处去寻找不幸，不幸的遭遇总会毫无来由，就自会落到我们的头上来。

60

当生命失去恩宠的时候，请赐我以欢歌。

61

使卵石臻于完美的，并非锤的打击，而是水的且歌且舞。

62

沉默蕴蓄着语声，正如鸟巢拥围着睡鸟。

63

我听见爱情，我相信爱情。爱情是一潭挣扎的蓝藻，如同一阵凄微的风，穿过我失血的静脉，驻守岁月的信念。

64

友谊和爱情之间的区别在于：友谊意味着两个人和世界，然而爱情意味着两个人就是世界。

65

有的人在白天流涌着眼泪，有的人把眼泪藏在幽深的黑暗里。

66

我们的生命就像度过一个大海，我们都相聚在这个狭小的舟上。

死时，我们便到了岸，各往各的世界去了。

67

我抛弃了所有的忧伤与疑虑，去追逐那无家的潮水，因为那永恒的异乡人在召唤我，他正沿着这条路走来。

68

这孤独的黄昏，蒙着雾与雨，我在我的心的孤寂里，感觉到它的叹息。

69

让你的指尖触动我生命的琴弦，让音乐成为你我合奏的佳篇。

70

抱着善意去敲门，必见乐意来开门。

71

日来年往，就是他永远以种种名字，种种姿态，种种深悲和极乐，来打动我的心。

72

那些把灯背在背上的人，把他们的影子投到了自己前面。

73

我的一切存在，一切所有，一切希望，和一切的爱，总在深深的秘密中向你奔流。你的眼睛向我最后一盼，我的生命永远是你的。

74

纵然伤心，也不要愁眉不展，因为你不知是谁会爱上你的笑容。

75

沉默是一种美德，但是在喜欢的人面前沉默，就是一种懦弱。

76

你看不见你自己，你所看见的只是你的影子。

77

不要让时光在黑暗中逝去。

78

我迷了路，我游荡着，我寻求那些得不到的东西，我得到了我所没有寻求的东西。

79

我之所以把我的痛苦不当一回事，是因为我怕你会那样做。

80

当人微笑时，他被世界所爱；当他大笑时，世界反而惧怕他了。

81

我不能选择那最好的，是那最好的选择我。

82

思念，是一只养熟的信鸽，无论放飞多么长的时间和距离总能飞回原处。

83

上帝的缄默让人类的思想成熟为语言。

84

全是理智的心，恰如一柄全是锋刃的刀。它叫使用它的人手上流血。

85

不断地重负决绝，又重复幸福，终有绿洲摇曳在沙漠。

86

羽毛满足于懒洋洋地躺在尘灰里，忘掉了天空。

87

离你最近的地方，路途最远，最简单的音调，需要最艰苦的练习。

旅客要在每个生人门口敲叩，才能敲到自己的家门，人要在外面到处漂流，最后才能走到最深的内殿。

我的眼睛向空阔处四望，最后才合上眼说："你原来在这里！"

88

鸟以为把鱼举在空中是一种慈善的举动。

89

让爱融为纪念，苦痛化成歌曲。让飞行掠过天空，终结于归巢的敛翼。让手的抚触，温柔像夜的花朵。

90

云霾在黑暗中发愁，竟忘记了，遮住太阳的就是它们自己。

91

谢谢火焰给你光明，但是不要忘了那执灯的人，他坚忍地站在黑暗中。

92

樵夫的斧头问树要了斧柄，树便给了他。

93

欢乐像露珠一样命薄，它在自己的笑声中消亡。

94

思想用自己的语言喂养自己而成长茁壮。

95

人们从诗人的字句里，选取自己心爱的意义；但诗句的最终意义是指向着你。

96

我做云，你做月亮，我用两只手遮盖你，我们的屋顶就是青碧的天空。

97

在爱人面前，世界将它浩瀚的面具卸下。突然它变得渺小，宛如一首歌，一个永恒的亲吻。

98

人是动物时，比动物更不如。

99

即使翅膀折了，心也要飞翔。

100

人不该去追寻存在，你原本就存在；也不该去追寻或证明存在的意义，存在的本身就是意义。

101

我的存在，对我是一个永久的神奇，这就是生活。

102

群众是残忍的，但个人是善良的。

103

我将等待着黎明，而当我醒来的时候，就会看到在光明里的你的城池。

104

弓在箭要射出之前，低声对箭说道：“你的自由是我的。”

105

没有流过血的手指，弹不出世间的绝唱；

没有经过艰辛历练，难以创造人生的奇迹。

106

静夜有母亲的美丽，如喧哗的白日之于孩子。

107

人走进喧哗的群众里去，为的是要淹没他自己的沉默的呼号。

108

回声嘲笑她的原声，以证明她是原声。

109

我这一刻感到你的眼光正落在我的心上，像那早晨阳光中的沉默落在已收获的孤寂的田野上一样。

110

我的心是旷野的鸟，在你的眼睛里找到了它的天空。

111

伟大坦然地与低微并肩同行。平凡却不与他为伍。

112

我一路走来的世界，是被许多生活中的挫折所滋润。

113

她的热切的脸，如夜雨似的，搅扰着我的梦魂。

114

我最后的祝福是要给那些人——他们知道我不完美却还爱着我。

115

即使爱只给你带来了哀愁，也要信任它，不要把你的心关起。

116

有时候爱情不是因为看到了才相信，而是因为相信才看得到。

117

在爱人面前，世界将它浩瀚的面具卸下。突然它变得渺小，宛如一首歌，一个永恒的亲吻。

118

完全理智的心，恰如一柄全是锋刃的刀，会叫使用它的人手上流血。

119

梦是一个一定要谈话的妻子。睡眠是一个默默地忍受的丈夫。

120

有一次，我梦见大家素不相识，醒来后，才知道我们原来相亲相爱。

121

我将我的心之碗轻轻浸入这沉默的时刻中，它盛满了爱。

122

“可能”问“不可能”道：“你住在什么地方呢？”

它回答道：“在那无能为力者的梦境里。”

123

离你越近的地方，路途越远；最简单的音调，需要最艰苦的练习。

124

鸟翼系上了黄金，这鸟儿便永远不能再在天上翱翔了。

125

我灵魂的忧伤是心灵的面纱，等候着在午夜被掀开。

126

“我相信你的爱”，让这当作我最后的话。

127

道路很拥挤，却是寂寞的，因为没人爱它。

128

我愿意我是一个更夫，整夜在街上走，提了灯去追逐影子。

129

你那一刻的随意馈赠，宛如秋夜的流星，在我生命深处点燃了烈焰。

130

人走到喧哗的人群里去，为的是要淹死自已沉默的呼号。

131

鞘安于钝，以护剑利。

132

我是秋云。空空地不载着雨水，但在成熟的稻田中，我看见了我的充实。

133

生和死都属于生命 举足落足都是在走路。

134

根是地下的枝，枝是空中的根。

135

时间是变化的财富。时钟模仿它，却只有变化而无财富。

136

生命如横越的大海，我们相聚在一这条小船上。死时，我们便到了岸，各去各的世界。

137

我们热爱这个世界时，才真正活在这个世界上。

138

日子的指尖踌躇地从琴弦划过，奏出忧郁的声音。

139

人类的历史是很忍耐地等待着被侮辱者的胜利。

140

神对人说："我伤害你，故我能医治你；我爱你；故我惩罚你。"

141

一杯水是清澈的，而海水却是黑色的。就像小的道理可以说明，真正的大道理却是沉默的。

142

当你没胃口时，不要抱怨食物。

143

生命因逝去的爱而更加丰盛。

144

昨夜的风雨为今日的早晨戴上了金色的和平。

145

道路虽然拥挤，却是寂寞的，因为它没有品尝到爱。

图书在版编目（CIP）数据

人的宗教 /（印）泰戈尔著；曾育慧译.—长沙：湖南人民出版社，2017.5
ISBN 978-7-5561-1677-5

Ⅰ.①人… Ⅱ.①泰…②曾… Ⅲ.①散文集—印度—现代 Ⅳ.①I351.65

中国版本图书馆CIP数据核字（2017）第080380号

REN DE ZONGJIAO
人的宗教

作　　者：[印]泰戈尔
译　　者：曾育慧
出 版 人：谢清风
选题策划：何学雷
责任编辑：姚晶晶
监　　制：于向勇　秦　青
特约策划：岛　岛
营销编辑：刘晓晨　罗　昕　刘文昕
封面设计：张丽娜
版式设计：李　洁
内文排版：麦莫瑞

出版发行：湖南人民出版社[http://www.hnppp.com]
社　　址：长沙市营盘东路3号
邮　　编：410005
经　　销：新华书店

印　　刷：北京天宇万达印刷有限公司
版　　次：2017年6月第1版
　　　　　2017年6月第1次印刷
开　　本：787mm × 1092mm　1/32
印　　张：7
字　　数：100千字
书　　号：ISBN 978-7-5561-1677-5
定　　价：39.80元

质量监督电话：010-59096394
团购电话：010-59320018